MAASIKAD: 100 TÕESTATUD RETSEPTI

Avastage maasikate magusat ja mahlast maailma 100 maitsva roaga

TATIANA TEDER

Autoriõigus materjal ©2024

Kõik õigused kaitstud

Ühtegi selle raamatu osa ei tohi mingil kujul ega vahenditega kasutada ega edastada ilma kirjastaja ja autoriõiguse omaniku nõuetekohase kirjaliku nõusolekuta, välja arvatud ülevaates kasutatud lühikesed tsitaadid. Seda raamatut ei tohiks pidada meditsiiniliste, juriidiliste või muude professionaalsete nõuannete asendajaks.

SISUKORD

SISUKORD 3
SISSEJUHATUS 6
HOMMIKUSÖÖK 7
   1. Blender Maasika Mochi muffinid 8
   2. Strawberry Crêpe s 11
   3. Šokolaadi- ja maasikatäidisega pannkoogid 13
   4. Kookospähkli maasikas küpsetatud kaer 15
   5. Banoffee vahvel 17
   6. Maasika leedriõie krepid 19
   7. Maasika-juustukook küpsetatud kaer 21
   8. Kirsiga täidetud kringli croissant 23
   9. Maasika rosé pannkoogid 25
   10. Vahvlid roosisiirupi, maasikate ja Crème Fraîche'iga 27
   11. Maasika vahtraskoonid 29
   12. Maasika toorjuustu brioche palmik 31
   13. Maasikatäidisega inglise muffin 33
   14. Maasika ja kirsiga täidetud kringli croissant 35
SUUPÄID JA SUUPÖÖD 37
   15. Maasika riis Krispie Oreo maiuspalad 38
   16. Maasika-juustukoogi riisikrispies 40
   17. Maasikamoosiga täidetud P op Tarts 43
   18. Kreemjuust Maasika Pop Tordid 45
   19. Maasika kodujuustubatoonid 48
   20. Maasika-mangokreemid 50
   21. Maasika cruffins 54
   22. Maasikajogurtiga murekoogi ruudud 56
   23. Täidetud maasikad 58
   24. Nutella täidisega maasikad 60
   25. Šokolaadiga kaetud maasikad 62
   26. Punased, valged ja sinised maasikad 64
   27. Cinco De Mayo maasikad 66
   28. Maasika jõulumütsid 68
   29. Maasika šifooni ruudud 70
   30. S'Moresi täidetud maasikad 72
   31. Maasika-juustukook Churros 74
   32. Maasika toorjuust Enchiladas 76
   33. Godiva maasika-banaani kabobid 78
   34. Segatud puuviljakevadrullid maasikakastmega 80
   35. Kevadrullid maasika limonaadiga 83
   36. Maasika külmutatud jogurti vahvlid 86

37. Maasikas Tuiles 90
38. Lunchbox maasikajogurti dip 92
39. Maasikas Tempura 94
40. Maasika-juustukook Nachos 96

PÕHIROOG 98
41. Pepperoni ja spinati maasikasalat 99
42. Roosa peosalat 101
43. Kiivi maasika piparmündi puuvilja sushikauss 103
44. Maasika basiiliku Prosciutto grilljuust 105
45. Röstsai maasikate ja toorjuustuga 107
46. Spargli ja maasika salat 110
47. Maasika ja spinati raviooli salat 112

MAGUSTOIT 114
48. Maasika peegelglasuuriga makaronid 115
49. Maasika Lamingtonid 119
50. Maasikasuflee 121
51. Šokolaadiga kastetud maasikaküpsised 123
52. Leedriõis Panna Cotta maasikatega 126
53. Rose Maasikas Lamington 129
54. Maasika- ja leedrililletort 132
55. Keelad Maasika juustukook e 134
56. Maasikaküpsised võiküpsised 136
57. Maasikakrõmpsu Tres Leches kook 138
58. Maasika-juustukoogi flan 140
59. Küpsetusvaba maasika limonaadikook 142
60. Küpsetamatud maasikatartletid 144
61. Maasikakook Lasanje 146
62. Maasika-juustukoogi popsicles 148
63. Maasika- ja vanillikastekook 150
64. Šokolaadiga kaetud maasikapotid De Crème 153
65. Maasika ja roosiõieline kook 156
66. Maasikakoogi rull 158
67. Key Lime Strawberry Cheesecake Bundt Cake 161
68. Maasika koogikesi šifoonist koogikesi 164
69. Maasika šifooni juustukoogi parfeed 167
70. Maasikad ja Cream Éclairs 170
71. Rabarberi roosi ja maasika pistaatsiagaletid 173
72. Mint Maasikas Posset 177
73. Juustukoogitäidisega maasikakoogisegu küpsised 179
74. Godiva maasikatorte 182
75. Minimaasikapirukad lavendlikreemiga 184
76. Maasikapeegliga klaasitud Bavarois 187
77. Maasika-pistaatsia Mille-Feuillantines 190

78. Joodav maasika pisiasi 193
79. Maasika-rabarberi kingipuit 195
80. Rabarberi- ja maasikakrõps 197
81. Maasika Biscoffi dessertpitsa 199
82. Maasika makaron 202
83. Maasika šampanja sorbett 205
84. Ferrero Rocher Strawberry Charlotte 207
85. Hibiscus Strawberry Margarita Float 209

MAITSED 211
86. Maasikamoos 212
87. Maasika lavendli moos 214
88. Maasikaglasuur 216
89. Rabarberi-, roosi- ja maasikamoos 218

JOOGID 220
90. Skittles maasika piimakokteil 221
91. Maasika Açaí Rosé Spritzer 223
92. Maasikas Lassi 225
93. Kokteil maasikad ja vahukommi 227
94. Maasika-banaani sarapuupähkli smuuti 229
95. Maasika limonaadi spritzer 231
96. Maasika- ja pistaatsia smuuti 233
97. Dalgona maasikapiim 235
98. Sädelev maasika-mimoos 237
99. Hommikusöögi marja-banaani piimakokteil 239
100. Mündi ja maasika smuuti 241

KOKKUVÕTE 243

SISSEJUHATUS

Tere tulemast raamatusse "Maasikad: 100 proovitud ja tõelist retsepti". Erksa värvi, magusa maitse ja mahlase tekstuuriga maasikad on armastatud puuvili, mida naudivad igas vanuses inimesed. Selles kokaraamatus kutsume teid avastama maasikate magusat ja mahlast maailma 100 maitsva roa kureeritud kollektsiooniga, mis tähistavad seda veetlevat puuvilja kogu selle hiilguses.

Maasikad on midagi enamat kui lihtsalt maitsev suupiste; need on mitmekülgsed koostisosad, mida saab kasutada mitmesugustes roogades, alates magusast kuni soolaseni ja kõiges, mis sinna vahele jääb. Selles kokaraamatus tutvustame paljusid viise, kuidas maasikaid oma toiduvalmistamisse lisada, alates klassikalistest magustoitudest, nagu maasikakook ja maasikapirukas, kuni uuenduslike salatite, kastmete ja soolaste roogadeni, mis tõstavad esile selle armastatud puuvilja loomuliku magususe ja happesuse.

Iga selle kokaraamatu retsept on läbiproovitud ja tõene, tagades maitsvad tulemused iga kord, kui maasikatega küpsetate. Olenemata sellest, kas küpsetate, segate, grillite või konserveerite, leiate nendelt lehtedelt palju inspiratsiooni ja juhiseid. Selgete juhiste, kasulike näpunäidete ja vapustava fotograafiaga "Maasikaid: 100 proovitud ja tõelist retsepti" on lihtne nautida maasikate maitseid aastaringselt.

Nii et olenemata sellest, kas korjate aiast värskeid maasikaid, sirvite põllumeeste turgu küpsemate marjade otsimiseks või ihkate lihtsalt suve maitsta, olgu see kokaraamat teie teejuht maasikate magusa ja mahlase maailma avastamiseks kogu selle maitsvas hiilguses. .

HOMMIKUSÖÖK

1. Blender Maasika Mochi muffinid

JUHISED:
MOCHI MUFFINIDE JAOKS:
- Toiduvalmistamise pihusti
- 2 supilusikatäit neutraalset õli
- ¾ tassi pluss 2 spl piima või tavalist taimset piima (soja või kaera)
- 2 suurt muna või umbes ⅓ tassi siidist või pehmet tofut
- 2 spl magustatud kondenspiima, agaavisiirupit või vahtrasiirupit
- 1 tilk punast geelist toiduvärvi
- 6–7 suurt maasikat, rohelised pealsed eemaldatud
- 1 tl miso (punane või valge)
- 1 tl küpsetuspulbrit
- ⅓ tassi granuleeritud suhkrut
- 2⅓ tassi kleepuvat riisijahu (Mochiko)

VALIKULINE TÄIDISE KOHTA:
- Külmkuivatatud maasikapulber
- Kondiitrite suhkur
- Söödav kuld
- Matcha pulber
- Tükeldatud või viilutatud maasikad

JUHISED:
a) Kuumuta ahi 350 ° F-ni, asetades selle keskele.
b) Vooderda 12-tassiline muffinipann muffinivooderdistega. Pihustage vooderdised küpsetusspreiga või määrige kergelt õliga. Teise võimalusena jätke vooderdised välja ja määrige iga muffinipanni tass rikkalikult rasvaga.
c) Lisa blenderisse õli, piim, munad, kondenspiim või siirup, toiduvärv, maasikad, miso, küpsetuspulber, suhkur ja riisijahu ning sega ühtlaseks ja ühtseks massiks. Soovi korral laske taignal paar minutit seista.
d) Jaga taigen ühtlaselt muffinipannile. Sellest peaks piisama 12 muffini jaoks. Iga muffinitops peaks olema umbes ¾ täis.
e) Küpseta 50–55 minutit, kuni torgatud hambaork või bambusvarras tuleb puhtana välja. Selleks, et muffinipealsed jääksid roosaks, katke muffinid umbes 15 minutiks küpsemise ajaks alumiiniumfooliumiga. Aseta muffinivorm restile jahtuma. Muffinid muutuvad jahtudes tihedamaks ja venivamaks/elastsemaks.
f) Katke muffinid oma valikuliste lisanditega. Mulle meeldib peale lisada hakitud või viilutatud maasikaid ja puistata üle kondiitri suhkru või matchaga . Kui tunnete end vingelt , kaunistage söödavate kullahelvestega.
g) Mochi muffineid säilib õhukindlas pakendis toatemperatuuril kuni 2 päeva või külmkapis kuni nädal. Kuumutage vastavalt vajadusele röstris, ahjus või mikrolaineahjus.

2.Strawberry Crêpes

JUHISED:
- Või kreppide praadimiseks
- 3 suurt muna
- ⅔ tassi rasket koort
- 3 spl Dr. Atkinsi küpsetussegu
- 4 spl suhkruasendajat
- ⅛ teelusikatäis mandli ekstrakti
- ¼ tl vaniljeekstrakti
- ½ tl riivitud apelsinikoort

MAASIKATÄIDIS:
- 2 tassi maasikaid, pestud, kooritud ja viilutatud
- 6 spl Sugar Twin suhkruasendaja

JUHISED:
a) Valmistage kuumutatud võiga raske 8-tolline pann või krepppann. Klopi kõik Crêpe koostisained segamisnõus kokku.
b) Kui või lakkab vahutamast, vala pannile 1/6 Crêpe segu, veendudes, et kataks põhja ühtlaselt.
c) Küpseta, kuni põhi on pruunistunud ja pealt tahenenud. Kasutage spaatlit, et keerata krepp ümber ja pruunistada teine pool. Kui see on valmis, viige see paberrätikule.
d) Korrake seda protseduuri ülejäänud taigna ja võiga.
e) Järgmiseks valmistage täidis, kombineerides maasikad suhkruasendajaga ja lusikaga umbes 1 segu igale krehvtile.
f) Lisa maitse järgi kergelt vahustatud koor ja kaunista ülejäänud maasikatega.

3.Šokolaadi- ja maasikatäidisega pannkoogid

JUHISED:
- 3 tl küpsetuspulbrit
- 50 g tuhksuhkrut
- 1 Värske muna
- 200 ml piima
- 400 g Nutellat
- 300 g tavalist jahu
- 1 näputäis soola
- Maasikad, viilutatud (valikuline)
- 1 supilusikatäis päevalilleõli
- 1 tl vaniljeessentsi

JUHISED:
a) Lõika pärgamentpaberileht 6 ruuduks, millest igaüks on 10 cm.
b) Tõsta iga pärgamendiruudu keskele 1-2 supilusikatäit Nutellat ja aja see 6 cm kettaks. Aseta ruudud alusele ja pane sügavkülma vähemalt üheks tunniks.
c) Vahepeal valmista pannkoogitainas. Sega kõik kuivained kausis kokku ja tee keskele süvend. Vahusta eraldi kausis muna, piim ja vaniljeessents. Valage see segu jahusegusse ja segage, et see seguneks.
d) Pintselda pannile keskmisel kuumusel veidi õli. Lisa kulbitäis tainast ja küpseta 2-3 minutit, kuni peale tekivad mullid ja alumine külg on kuldne.
e) Keera pannkook ümber ja küpseta veel minut. Seejärel lisa kiht viilutatud maasikaid ja aseta peale külmutatud šokolaadiketas.
f) Vala veel veidi tainast šokolaadikettale ja maasikatele. Küpseta veel minut aega, kuni põhi on kuldne, seejärel keera ümber ja küpseta teiselt poolt.
g) Korrake seda protsessi, kuni kogu tainas on kasutatud.
h) Serveeri pannkoogid kuumalt, soovi korral koos värske vahukoorega.

4.Kookospähkli maasikas küpsetatud kaer

JUHISED:
- ⅓ tassi mandlipiima
- 1 tass valtsitud kaerahelbeid
- 1 keskmine üleküpsenud banaan
- 1 suur muna
- 1 spl sulatatud võid või kookosõli
- ½ tl kookospähkli ekstrakti
- ¼ tassi hakitud maasikaid
- ¼ tassi hakitud kookospähklit

JUHISED:

a) Alustage ahju eelkuumutamisest 375 kraadini Fahrenheiti. Määrige kaks 10-untsist ramekiini mittenakkuva küpsetuspreiga.
b) Sega kiires blenderis kokku mandlipiim, vaniljeekstrakt, vahtrasiirup, kaer, banaan, muna, sulavõi, küpsetuspulber, sool ja kookoseekstrakt. Blenderda suurel kiirusel, kuni kõik on hästi segunenud ja kaer on peeneks jahvatatud. See võtab tavaliselt umbes 10 kuni 15 sekundit.
c) Jaga segatud segu ühtlaselt ettevalmistatud ramekiinide vahel.
d) Pärast blenderdamist sega hulka hakitud maasikad ja riivitud kookospähkel. Jaotage need kindlasti kogu segule ühtlaselt.
e) Asetage ramekiinid eelsoojendatud ahju ja küpsetage, kuni kaer on ülevalt keskelt läbi küpsenud. Küpsetusaeg on umbes 23 kuni 30 minutit. Reguleerige aega oma ramekiinide suuruse ja kuju järgi.
f) Enne serveerimist laske kookosmaasika küpsetatud kaeradel veidi jahtuda. See aitab kaera tarduda ja parandab üldist tekstuuri.
g) Kui see on jahtunud, serveerige kookosmaasikas küpsetatud kaera maitsvaks ja toitvaks hommikusöögiks või suupisteks. Kookoseekstrakti, värskete maasikate ja hakitud kookospähkli kombinatsioon lisab klassikalisele küpsetatud kaerale troopilise ja rahuldava maitse.

5.Banoffee vahvel

JUHISED:
- 2 banaani
- 25 g soolamata võid
- 30 g pruuni suhkrut
- 2 Belgia vahvlit
- 1 lusikas Banoffee Crunch jäätist
- 1 lusikas iirise-fudge jäätist
- 15 g vahukoort
- 20 g dulce de leche
- 15 g šokolaadikastet
- 2 Cadbury baari
- 3 Värsked maasikad

JUHISED:
BANAANID:
a) Koori ja viiluta banaanid.
b) Sulata pannil keskmisel kuumusel soolata või.
c) Lisage pruun suhkur sulavõile ja segage, kuni suhkur lahustub.
d) Lisa pannile banaaniviilud ja küpseta, kuni need on karamelliseerunud, aeg-ajalt keerates. Selleks peaks kuluma umbes 3-5 minutit. Kõrvale panema.

VAHvlid:
e) Rösti Belgia vahvleid vastavalt pakendi juhistele või kuni need on kuldpruunid ja krõbedad.
f) Aseta üks röstitud vahvel serveerimistaldrikule.
g) Laota vahvlile kiht karamelliseeritud banaane.
h) karamelliseeritud banaanide peale lusikas Banoffee krõmpsuvat jäätist ja lusikatäis iirise fudge jäätist.
i) Nirista jäätisele vahukoort.
j) Nirista vahukoorele dulce de leche ja šokolaadikaste.
k) Lõika Cadbury batoonid väikesteks tükkideks ja puista need vahvlile.

MAASIKAD:
l) Pese ja viiluta värsked maasikad.
m) Aseta vahvli peale maasikaviilud.
n) Serveeri Banoffee vahvlit kohe, kui vahvel on veel soe ja jäätis kergelt sulanud.

6.Maasika leedriõie krepid

JUHISED:

PANNKOOGITAINE:
- 250 ml piima
- 1 orgaaniline muna
- 1 spl leedriõie siirupit
- 100 g jahu

VÕIKASTES PÕNEJAÕESIIRUPIGA:
- 50 g võid
- 70 ml leedriõie siirupit
- 100 g maasikaid

JUHISED:

a) Alusta kreppide taigna ettevalmistamisega. Sõelu jahu kaussi, seejärel lisa muna, leedriõie siirup ja piim. Sega, kuni saavutad ühtlase, tükkideta taigna.

b) Kuumuta pann keskmisel kuumusel ja määri kergelt õliga. Küpseta õhukesed pannkoogid partiidena ja voldi need kolmnurkadeks.

c) Teises pannil sulatage või keskmisel kuumusel. Lisa leedriõie siirup ja sega ühtlaseks. Lisa pannile volditud pannkoogikolmnurgad. Laske neil veetlevas kastmes leotada ja seejärel keerake need ümber. Soojendage need läbi ja oletegi serveerimiseks valmis.

d) Tõsta krepid kohe plaadile, lisades neile värskeid maasikaid. Täiendava magususe saamiseks puista neile tuhksuhkrut või kombineeri neid vaniljejäätisega.

e) Nautige seda suussulavat pannkoogirooga ja nautige harmoonilist maitsete segu!

7.Maasika-juustukook küpsetatud kaer

JUHISED:
- ⅓ tassi valtsitud kaera
- ¼ tassi värskeid või külmutatud maasikaid
- ¼ tassi valikulist piima (soovitatav kaerapiim või kookospiim)
- ½ supilusikatäit vahtrasiirupit
- ⅛ teelusikatäis soola
- ½ tl küpsetuspulbrit
- ½ supilusikatäit toorjuustu (kasuta veganversiooni puhul piimavaba)
- ¼ tl vaniljeekstrakti

JUHISED:
a) Kuumuta ahi temperatuurini 355ºF/180ºC.
b) Blenderda köögikombainis kaer kuni jahuse konsistentsini. Kui kasutate kaerajahu, jätke see samm vahele.
c) Lisa kõik ülejäänud koostisosad (v.a toorjuust) köögikombaini. Töötle, kuni see on ühtlane ja hästi segunenud. Maitse ja soovi korral reguleeri magusainet.
d) Vala maasika kaerahelbed kuumakindlasse kaussi või ramekiini. Tõsta keskele lusikaga toorjuust, vajutades seda õrnalt alla, nii et see jääks kaerahelbe keskele peidus.
e) Küpseta 355ºF/180ºC juures umbes 15 minutit. Pole hullu, kui kaerahelbed on kergelt libedad. Kuivema tekstuuri saamiseks võid küpsetusaega 2-3 minuti võrra pikendada.
f) Serveerige kaerahelbed kohe või lisage sellele veel viilutatud maasikaid ja soovi korral kookosvahukoort või tilk valget šokolaadi.

8.Kirsiga täidetud kringli croissant

JUHISED:
- 2 värsket kringli croissanti
- 6 spl kohupiimajuustu või toorjuustu
- 3 spl vahtrasiirupit või mett
- 1 tl sidrunimahla
- ½ tl vaniljeekstrakti
- 1 tass värskeid maasikaid
- ½ tassi värskeid kirsse

JUHISED:
a) Pese maasikad ja eemalda rohelised pealsed. Lõika need viiludeks. Pese kirsid, poolita ja eemalda kivid. Sega maasikad ja kirsid kausis 1 spl vahtrasiirupi ja sidrunimahlaga.
b) Sega eraldi kausis kohupiim 1 spl vahtrasiirupi ja vaniljeekstraktiga. Kreemsema konsistentsi saamiseks lisa segule soovi korral 1-2 spl vett.
c) Lõika kringli croissantid horisontaalselt pooleks. Määri iga sarvesaia alumisele poolele 3 spl vaniljekohupiima segu.
d) Katke kohupiima segu segatud puuviljadega, jaotades need ühtlaselt sarvesaia poolikutele.
e) Kata viljad sarvesaia ülemise osaga, moodustades mõnusa täidisega kringli croissanti.
f) Soovi korral nirista sarvesaia ülemisele poolele veel vahtrasiirupit või mett, et saada magusust.
g) Serveerige kohe ja nautige seda veetlevat maasika ja kirsiga täidetud kringli sarvesaia mõnusaks hommikusöögiks, mis toob teie hommikurutiini suvised maitsed.

9.Maasika rosé pannkoogid

JUHISED:
- 1 ½ tassi hakitud maasikaid
- 1-2 spl suhkrut (olenevalt teie marjade magususest)
- 2 tassi täistera nisu saia või universaalset jahu
- 3 spl jahvatatud linaseemneid
- 1 spl suhkrut
- 1 spl küpsetuspulbrit
- ¼ teelusikatäit soola
- 1 tass Rosé
- 1 tass mandli või muud piimavaba piima
- ½ tl vaniljeekstrakti
- 1 tl roosivett

JUHISED:
a) Sega väikeses kausis tükeldatud maasikad suhkruga ja tõsta kõrvale, et neist magusat mahla eralduks.
b) Sega suures kausis jahu, jahvatatud linaseemned, suhkur, küpsetuspulber ja sool. Vahusta kuivained ühtlaseks massiks.
c) Võtke kuni ¼ tassi magusat maasikamahla ja segage see Roséga.
d) Tehke kuivainete keskele süvend ja valage sisse mandlipiim, maasikalisandiga Rosé, vaniljeekstrakt ja roosivesi. Vahusta segu seni, kuni suurem osa tükkidest on kadunud.
e) Sega õrnalt taignasse ¾ tassi hakitud maasikaid.
f) Kuumuta pann või küpsetusplaat keskmisel kuumusel. Et kontrollida, kas see on valmis, pritsige sellele veidi vett ja kui see säriseb, olete valmis.
g) Tõsta iga pannkoogi jaoks ahjuplaadile umbes ⅓ tassi tainast. Küpseta, kuni servad on kergelt pruunid ja pinnale on tekkinud arvukalt õhumulle. Seejärel keerake ümber ja küpsetage veel minut.
h) Serveeri pannkoogid ülejäänud hakitud maasikate, vahtrasiirupi ja ülejäänud Roséga.

10. Vahvlid roosisiirupi , maasikate ja Crème Fraîche'iga

JUHISED:
- 10 suurt maasikat
- 1 spl Rose Cordiali
- 4 supilusikatäit Crème Fraîche
- 150 g (6 untsi) tavalist (universaalset) jahu
- ½ supilusikatäit küpsetuspulbrit
- ¼ teelusikatäit soodavesinikkarbonaati (söögisoodat)
- 1 spl Golden Caster (granuleeritud) suhkrut
- Näputäis soola
- 200 ml (7 fl untsi) petipiim
- 1 suur muna
- 50 g (3 supilusikatäit) sulatatud soolata võid
- Õli pihustuspudelis

JUHISED:
a) Puhasta ja viiluta maasikad. Segage need väikeses kausis südamliku roosiga ja asetage kõrvale.
b) Eelsoojendage vahvliraud. Kuni see soojeneb, valmista vahvlitainas.
c) Sega ühes kausis jahu, küpsetuspulber, soodavesinikkarbonaat, suhkur ja sool. Sega teises kausis petipiim, muna ja sulatatud või. Vispelda vedel segu vähehaaval jahusegu hulka.
d) Piserdage vahvlirauda iga plaat kergelt õliga. Küpseta vahvleid partiidena, pihustades partiide vahel veidi rohkem õli.
e) Jaga küpsenud vahvlid kahe sooja taldriku vahel. Valage lusikaga maasikakausi põhja crème fraîche , ettevalmistatud maasikad ning roosi- ja maasikamahl.

11.Maasika vahtraskoonid

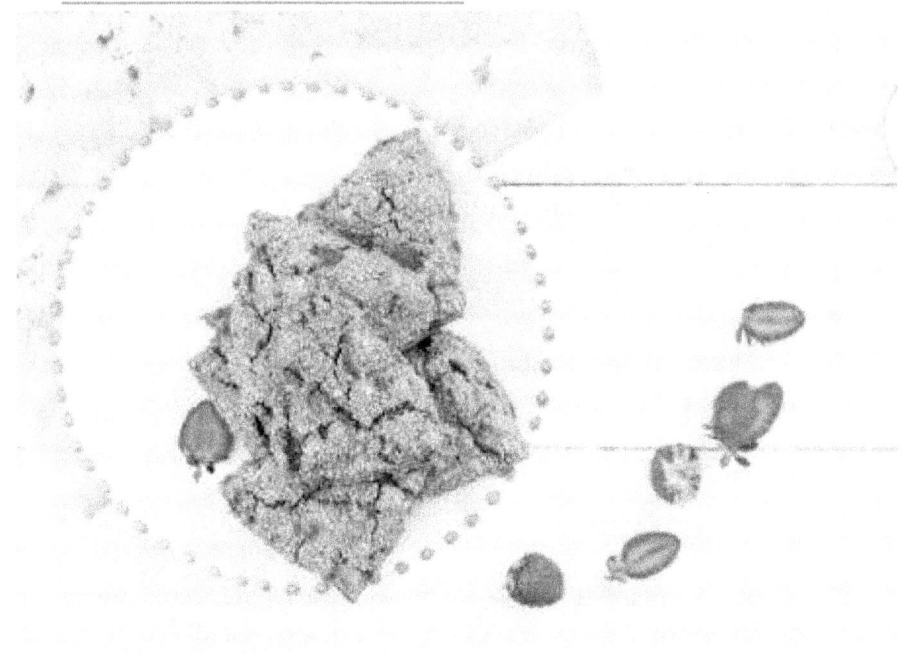

JUHISED:
- 2 tassi kaerajahu.
- ⅓ tassi mandlipiima.
- 1 tass maasikaid.
- Peotäis kuivatatud sõstraid.
- 5 supilusikatäit kookosõli.
- 5 supilusikatäit vahtrasiirupit.
- 1 spl küpsetuspulbrit.
- 1 ½ tl vaniljeekstrakti.
- 1 tl kaneeli.
- ½ tl kardemoni (valikuline).
- Puista peale soola.

JUHISED:
a) Lisa kaerajahule kookosõli ja sega kahvliga, kuni tekib murenev tainas.
b) Lisage maasikatükid ja sõstrad kohe, kui need on jahtunud, seejärel segage aeglaselt kõik märjad koostisosad .
c) Vormi tainast küpsetuspaberiga kaetud ahjuplaadile ring – see peaks olema umbes 1 tolli paksune.
d) Küpseta 15-17 minutit pärast kaheksaks kolmnurkseks tükiks lõikamist.
e) Serveeri moosi, mee või pähklivõiga, et saada eriline maiuspala!

12. Maasika toorjuustu brioche palmik

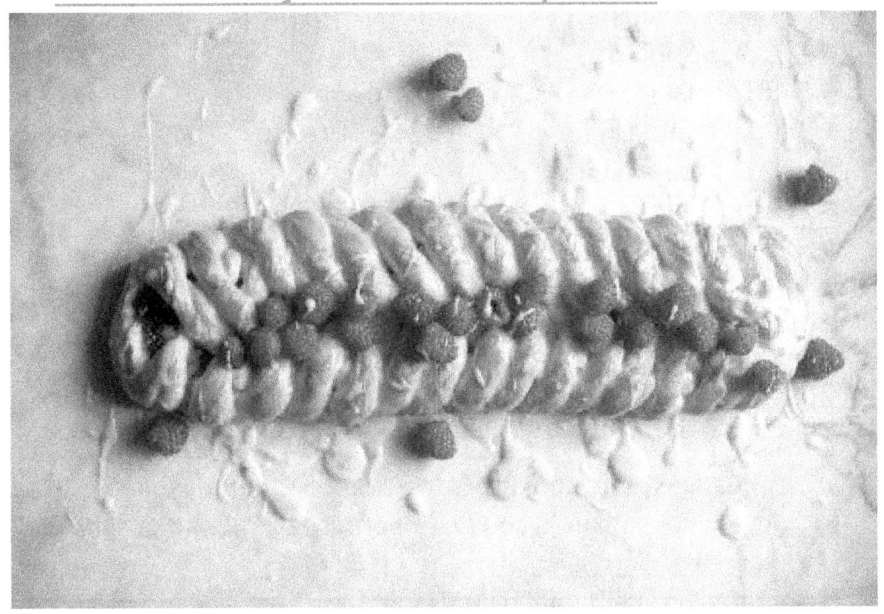

JUHISED:
- 4 tassi leivajahu
- ⅓ tassi suhkrut
- 1 tl soola
- 1 pakk kiirpärmi
- 1 tass sooja piima
- 3 suurt muna
- ½ tassi soolata võid, sulatatud
- 1 tass värskeid maasikaid, viilutatud
- 4 untsi toorjuustu, pehmendatud
- ¼ tassi tuhksuhkrut

JUHISED:
a) Lahustage pärm soojas piimas ja laske 5 minutit seista.
b) Sega jahu, suhkur ja sool. Lisa pärmisegu, munad ja sulavõi. Sõtku ühtlaseks.
c) Rulli tainas lahti, määri peale kiht toorjuustu ja lao peale viilutatud maasikad.
d) Voldi tainas täidise peale, moodustades patsi.
e) Laske kerkida, seejärel küpsetage temperatuuril 350 °F (175 °C) 25–30 minutit.

13. Maasikatäidisega inglise muffin

JUHISED:
- 2 spl maasikamoosi
- 1 spl vähendatud rasvasisaldusega toorjuustu
- 1 muna
- 1 munavalge
- 1 tl vaniljeekstrakti
- 2 tl vahtrasiirupit
- 1 spl magustamata mandlipiima
- Näputäis soola
- 2 gluteenivaba inglise muffinit
- Lisandid: tuhksuhkur, puhas vahtrasiirup, värsked maasikad

JUHISED:

a) Sega väikeses kausis maasikamoos ja vähendatud rasvasisaldusega toorjuust, kuni need on hästi segunenud.

b) Vahusta eraldi laiemas kausis muna, munavalge, vaniljeekstrakt, vahtrasiirup, mandlipiim ja näpuotsaga soola.

c) Kasutage väikest noa, et teha iga inglise muffini külge pilu, jälgides, et te ei lõikaks läbi teise külje. See pilu võimaldab teil muffinid täita. Jaga maasika-toorjuustutäidis ühtlaselt kahe muffini vahel, lusikaga ettevaatlikult piludesse.

d) Asetage täidetud inglise muffinid munataignasse, laske neil mõni minut liguneda. Pöörake neid, et mõlemad pooled ühtlaselt imbuksid.

e) Kuumuta pann vähese mittenakkuva pihustiga keskmisel-madalal kuumusel. Pärast kuumutamist lisage pannile leotatud ja täidetud inglise muffinid, et küpsetada esimesel küljel. Kata kaanega ja küpseta umbes 2-3 minutit, jälgides, et need ei kõrbeks. Pöörake need ümber, katke uuesti ja küpsetage teine pool.

f) Serveeri kohe, puista peale tuhksuhkur, tilk siirupit ja värskeid maasikaid. Nautige!

14. Maasika ja kirsiga täidetud kringli croissant

JUHISED:
- 2 värsket kringli croissanti
- 6 sl Kohupiimajuustu või toorjuustu
- 3 spl vahtrasiirupit või mett
- 1 tl sidrunimahla
- 1/2 tl vaniljeekstrakti
- 1 tass värskeid maasikaid
- 1/2 tassi värskeid kirsse

JUHISED:

h) Pese maasikad ja eemalda rohelised pealsed. Lõika need viiludeks. Pese kirsid, poolita ja eemalda kivid. Sega maasikad ja kirsid kausis 1 spl vahtrasiirupi ja sidrunimahlaga.

i) Sega eraldi kausis kohupiim 1 spl vahtrasiirupi ja vaniljeekstraktiga. Kreemsema konsistentsi saamiseks lisa segule soovi korral 1-2 spl vett.

j) Lõika kringli croissantid horisontaalselt pooleks. Määri iga sarvesaia alumisele poolele 3 spl vaniljekohupiima segu.

k) Katke kohupiima segu segatud puuviljadega, jaotades need ühtlaselt sarvesaia poolikutele.

l) Kata viljad sarvesaia ülemise osaga, moodustades mõnusa täidisega kringli croissanti.

m) Soovi korral nirista sarvesaia ülemisele poolele veel vahtrasiirupit või mett, et saada magusust.

n) Serveerige kohe ja nautige seda veetlevat maasika ja kirsiga täidetud kringli sarvesaia mõnusaks hommikusöögiks, mis toob teie hommikurutiini suvised maitsed.

SUUPÄID JA SUUPÖÖD

15.Maasika riis Krispie Oreo maiuspalad

JUHISED:
- 4 tassi Rice Krispies teravilja
- 3 tassi mini vahukomme
- ¼ tassi infundeeritud võid
- 1 karp Strawberry Jell-o
- 2 tassi tükeldatud Golden Oreos

JUHISED:
a) Vooderda 8x8 kandiline pann fooliumiga ja piserda kergelt küpsetuspritsiga. Kõrvale panema.
b) 3-liitrisel pannil sulatage kanepiga kaetud või ja vahukommid keskmisel kuumusel.
c) Sega juurde Jell-O segu.
d) Segage, kuni see on segunenud, seejärel segage riisikrispiesid ja Golden Oreos.
e) Suru segu ettevalmistatud pannile.
f) Lase enne batoonideks lõikamist ja serveerimist vähemalt 2 tundi jahtuda.

16.Maasika-juustukoogi riisikrispies

JUHISED:
RIISI KRISPIE KOOR:
- 4 tassi Rice Krispies teravilja
- 3 supilusikatäit võid (soolatud või soolamata)
- 10 untsi mini-vahukommi (umbes 1 kott)
- Cooking Spray

JUUSTUSTOOGI TÄIDIS:
- 16 untsi toorjuust, pehmendatud (2 pakki)
- 1 tass kondiitri suhkrut
- 1 tl vaniljeekstrakti
- 1 tass vahustatud katet (nt Cool Whip)
- 1 pakk maitsestamata želatiini (¼ untsi)
- ¼ tassi vett

MAASIKAKAATNE:
- 1 kilo maasikaid, jämedalt tükeldatud
- ¼ tassi granuleeritud suhkrut

JUHISED:
RIISI KRISPIE KOOR:
a) Suures potis sulata madalal kuumusel või. Segage vahukommid, kuni need on täielikult sulanud.
b) Lisa Rice Krispie teravilja ja sega, kuni see on ühtlaselt kaetud.
c) Pihustage sügavale 9 × 13 pannile küpsetuspihustit. Suru segu vahapaberi või võiga määritud spaatliga ühtlaselt pannile. Reguleerige paksust vastavalt soovile. Lase ülejäänud magustoidu valmistamise ajal külmkapis jahtuda.

MAASIKAKASTE:
d) Sega viilutatud maasikad, suhkur ja valikuline apelsinikoor väikeses kausis, kuni need on hästi kaetud.
e) Laske sellel seista umbes 30 minutit, aeg-ajalt segades, kuni maasikad vabastavad mahla ja suhkur lahustub. Püreesta puulusikaga paar maasikat. Lisa vett, kui on vaja rohkem siirupit.

JUUSTUSTOOGI TÄIDIS:
f) Piserdage väikeses kausis želatiin veega. Laske sellel 3–5 minutit seista, seejärel küpseta mikrolaineahjus 20–30 sekundit, kuni see lahustub. Tõsta kõrvale jahtuma.
g) Sega mikseris toorjuust ja sõelutud tuhksuhkur. Sega kohevaks.
h) Lülitage vispli lisale, lisage vahustatud kate ja vahustage, kuni moodustuvad pehmed tipud.
i) Kui želatiin on tarretunud, soojenda seda korraks mikrolaineahjus ja sega täidisesse.
j) Jätka vahustamist, kuni moodustuvad kindlad tipud.
k) Tõsta juustukoogi täidis lusikaga jahtunud Rice Krispie Treats'idele ja määri ühtlaselt laiali. Tõsta üheks tunniks või üleöö külmkappi.
l) Vahetult enne serveerimist tõsta lusikaga või vala maasikatäidis juustukoogikihile või serveeri üksikute viilude peale.

17. Maasikamoosiga täidetud P op Tarts

JUHISED:
- 2 lehte sulatatud lehttaigna
- 6 spl maasikamoosi

MUNAPESU:
- 1 suur muna
- 1 spl piima

TOPPING:
- Jäme suhkur (valikuline)

JUHISED:
a) Kuumuta ahi 400 F-ni. Vooderda ahjuplaat küpsetuspaberiga; kõrvale panema.
b) Lõika iga kondiitrileht 6 ühtlaseks ristkülikuks, mille tulemuseks on kokku 12 ristkülikut.
c) Määri kuuele ristkülikukujulisele lehttaigna väljalõikele umbes supilusikatäis maasikamoosi.
d) Ülejäänud kuuel ristkülikul kasutage kujundite ja keerukate kujunduste meisterdamiseks küpsiselõikureid.
e) Aseta väljalõigetega lehttaignalehed moosidega lehtedele. Tihendage servad kahvliga kõigist neljast küljest.
f) Sega väikeses kausis munapesuks muna ja piim. Pintselda sellega pop-tortide pealmine osa.
g) Soovi korral puista peale jämedat suhkrut.
h) Asetage pop-tordid ahjuplaadile ja küpsetage umbes 20 minutit, kuni pealsed on kuldpruunid.
i) Laske pop-tortidel enne serveerimist jahtuda. Pange tähele, et need paisuvad alguses, kuid jahtudes tühjenevad.
j) Serveerige neid veetlevaid maasikamoosiga kooke hommikusöögiks või oivalise suupistena.

18.Kreemjuust Maasika Pop Tordid

JUHISED:
küpsetised:
- 250 g gluteenivaba jahusegu
- 100 g külma soolata võid
- 140 g külma laktoosivaba hapukoort
- ¼ teelusikatäit küpsetuspulbrit
- 1 kuni 2 supilusikatäit jääkülma vett
- ½ tl soola
- 1 supilusikatäis suhkrut (valikuline magusa saia jaoks)

TÄIDISEKS:
- 100 g laktoosivaba toorjuustu

MAASIKAMOOS:
- 450 g värskeid või külmutatud maasikaid
- 150 ml vahtrasiirupit (või suhkrut)
- 3 supilusikatäit sidrunimahla
- 1 tl sidrunikoort
- 1 tl puhast vaniljeekstrakti
- 1 tl maisitärklist
- 3 spl vett (maisitärklise lahustamiseks)

MUNAPESU:
- 1 muna
- 2 spl laktoosivaba piima või koort

JÄÄSTUSE KOHTA:
- 100 g toorjuustu
- 50 g maasikamoosi

JUHISED:
KOIGA VALMISTAMISEKS:
a) Lõika või kuubikuteks.
b) Sega kausis jahu, küpsetuspulber, sool ja suhkur (kui kasutad).
c) Lisa võikuubikud ja töötle jahu või hulka. Tasandage iga võitükk pöidla ja nimetissõrme vahel.
d) Lisa hapukoor ja sega kuivainete niisutamiseks. Sõtku tainas, lisades ainult vajadusel jäävett.
e) Asetage tainas kileplaadile, suruge see kettaks ja asetage 30 minutiks külmkappi.

MAASIKAMOOSI VALMISTAMISEKS:

f) Sega potis maasikad, vahtrasiirup, vanilliekstrakt, sidrunimahl ja sidrunikoor.
g) Hauta keskmisel kuumusel, sageli segades ja maasikad püreestades.
h) 5 minuti pärast segage maisitärklis veega ja lisage see kastrulisse. Jätka segamist, kuni määre pakseneb.
i) Eemaldage kuumusest ja laske 5 minutit jahtuda.

POPTORTIDE VALMISTAMISEKS:
j) Puhastage oma tööpind jahuga. Rulli tainas 9x12-tolliseks ristkülikuks.
k) Lõika soovitud pop-tart kujundid või kasuta küpsisevormi. Pintselda munaga üks külg.
l) Aseta keskele 1 tl laktoosivaba toorjuustu ja 1 tl maasikamoosi.
m) Asetage ettevaatlikult peale teine väljalõigatud kujund, suruge servad kinni ja suruge kahvliga kokku.
n) Korrake sama ülejäänud väljalõigatud kujunditega, asetades need pärgamendiga kaetud ahjuplaadile.
o) Torka söögipulgaga iga saia ülaossa õhutamiseks augud. Jahuta 15 minutit.
p) Kuumuta ahi 200 °C-ni (400 °F), seejärel pintselda iga kondiitri pealmine osa ülejäänud munapesuga.
q) Küpseta umbes 20 minutit kuni kuldpruunini. Auru eemaldamiseks ja tasandamiseks vajutage õrnalt alla. Lase täielikult jahtuda.

KARSTE TEGEMISEKS:
r) Sega toorjuust maasikamoosiga.
s) Määri 1 tl glasuuri poptordile ja lusikaga määri seda õrnalt laiali.
t) Kõige peale puista ja korda ülejäänud pop-tortidega.

19. Maasika kodujuustubatoonid

JUHISED:
- 16 untsi karp kodujuustu
- 2 spl jahu
- ¾ tassi suhkrut
- 2 muna, hästi pekstud
- Riivitud sidrunikoor
- 2 spl sidrunimahla
- ¼ tassi rasket koort
- Näputäis soola
- 2 tl vanilli
- ½ tl muskaatpähklit
- ½ tassi kuldseid rosinaid
- ½ tassi hakitud kreeka pähkleid
- 1 tass värskeid kooritud ja viilutatud maasikaid pluss veel kaunistuseks
- Mündilehed, kaunistuseks

JUHISED:
a) Kuumuta ahi temperatuurini 350 °F (175 °C).
b) Valmistage küpsetusvorm ette, määrides see küpsetussprei või võiga.

VALMISTA TÄIDIS:
c) Sega suures kausis kokku kodujuust, jahu, suhkur, sidrunikoor, sidrunimahl, koor, sool, vanill, muskaatpähkel ja kuldsed rosinad.
d) Segage, kuni kõik koostisosad on hästi segunenud.
e) Sega viilutatud värsked maasikad õrnalt segu hulka. Maasikad lisavad batoonidele puuviljamaitset.

KÜPSETA:
f) Vala segu ettevalmistatud ahjuvormi ja aja ühtlaselt laiali.
g) Puista peale hakitud pähklid.
h) Küpseta umbes 45 minutit või kuni kangid on küpsenud.
i) Kui küpsetamine on lõppenud, võite maitse lisamiseks peale puistata veidi rohkem muskaatpähklit.
j) Kaunista mõne värske maasika ja mündilehega.
k) Enne lõikamist jahuta.

20.Maasika-mangokreemid

JUHISED:

VAHUTATUD MAASIKAGANAŠE JAOKS:
- 175 g maasika inspiratsioonišokolaadi
- 350 g koort

CRAQUELIN TOPPINGI JAOKS:
- 42 g soolamata võid, toatemperatuuril
- 50 g helepruuni suhkrut
- 50 g universaalset jahu

CHOUX saia jaoks:
- 75 g vett
- 75 g piima
- 70 g soolamata võid, kuubikuteks
- 1 tl granuleeritud suhkrut
- ½ tl koššersoola
- 100 g universaalset jahu, sõelutud
- 150g muna (umbes 3 suurt), toatemperatuuril ja kergelt lahti klopitud

MANGO KREEMI JAOKS:
- 50 g külmkuivatatud mangot
- 50 g granuleeritud suhkrut
- 78g toorjuustu, külm ja kuubikud
- Näputäis koššersoola
- 300g koort, külm

LÕPETAMA:
- Sprinkles, külmkuivatatud puuviljatükid, värsked puuviljaviilud (valikuline)

JUHISED:

VAHUTATUD MAASIKAGANAŠE JAOKS:
a) Haki maasikainspiratsioonišokolaad peeneks ja aseta kuumakindlasse kaussi.
b) Kuumuta koor väikeses kastrulis keskmisel kuumusel aurutamiseni. Tõsta tulelt ja vala see tükeldatud šokolaadile.
c) Laske sellel 1 minut seista, seejärel vahustage õrnalt, kuni see seguneb. Jahutage toatemperatuurini, suruge kilekiht vastu pinda ja hoidke külmkapis, kuni see on täielikult jahtunud, vähemalt 4 tundi ja kuni 5 päeva.

CRAQUELIN TOPPINGI JAOKS:
d) Vahusta väikeses kausis pehme või ja pruun suhkur ühtlaseks vahuks.
e) Lisa jahu ja sega kuni moodustub tainas. Kraabi tainas küpsetuspaberile.
f) Asetage peale veel üks küpsetuspaberitükk ja rullige tainas umbes 1/16" paksuseks. Külmutage see choux'i valmistamise ajaks. (Craquelini saab valmistada kuni 1 kuu ette; külmutada, hästi pakitud, kuni see on kasutusvalmis — pole vaja sulatada.)

CHOUX saia jaoks:
g) Kuumuta ahi 425 °F-ni, mille keskel on rest ja vooderda suur küpsetusplaat küpsetuspaberiga.
h) Sega keskmises kastrulis vesi, piim, või, suhkur ja sool. Kuumuta keskmisel kuumusel tugeval tulel aeg-ajalt segades.
i) Niipea kui segu podiseb, tõsta pott tulelt ja lisa korraga jahu. Segage tugevalt puulusika või spaatliga, kuni jahu on täielikult segunenud.
j) Pange pott madalale tulele ja segage pidevalt, keetke segu 2 minutit, et see kuivaks. Viige labakinnitusega varustatud mikseri kaussi.
k) Sega keskmisel kiirusel 1-2 minutit, et aur eralduks. Tainas peaks kiirloetava termomeetril registreerima 170–175 °F ja olema piisavalt jäik.
l) Kui mikser on endiselt madalal kuumusel, valage aeglaselt lahtiklopitud munad. Segage keskmisel kiirusel 4 minutit, kuni tainas läbib konsistentsi testi.

MANGO KREEMI JAOKS:

m) Sega köögikombaini kausis külmkuivatatud mango ja suhkur. Pulse, kuni mango laguneb peeneks pulbriks.
n) Lisage toorjuust ja sool ning kaunvilja segu.
o) Lisa külm koor ja töötle, kuni segu meenutab väga paksu jogurtit.

LÕPETAMA:

p) Torka söögipulgaga iga kreemipahmaka põhja auk.
q) Lõika mangokreemi hoidva koti ots ära. Pista ots auku ja toru mangokreemi sisse, kuni paht tundub raske.
r) Toru peale vahustatud maasika ganache. Kaunista puistete, külmkuivatatud puuviljatükkide või värskete puuviljade viiludega.
s) Nautige kohe või jahutage ja nautige 4 tunni jooksul pärast kokkupanemist.

21. Maasika cruffins

JUHISED:
- 1 supilusikatäis pehmet võid
- ½ tl jahvatatud kaneeli
- 6 tl granuleeritud suhkrut
- 1 pakk sarvesaia tainast (leiate selle jahutatud sektsioonist)
- 2 spl valmis vanillikaste
- 125 g kooritud ja väga peeneks viilutatud maasikaid
- Tuhksuhkur tolmutamiseks

JUHISED:
a) Määri 6 auku suurest muffinivormist ohtralt võiga, seejärel sega pool kaneelist suhkruga. Pane ükshaaval igasse muffiniauku teelusikatäis kaneelisuhkrut ja keera seest katteks rulli. Kuumuta ahi 200°C-ni (180°C ventilaator või gaasimärk 6).
b) Rullige sarvesaia tainas ettevaatlikult lahti ja lõigake see 3 ristkülikuks nii, et 2 sarvesaia kolmnurka jääksid kokku 3 ristkülikuks. Lõika kumbki pikuti pooleks, nii jääb 6 peenemat riba.
c) Valmistades ühe krõbini korraga, pintselda taignale õhuke kiht vanillikaste, jättes lähima serva äärde tühja 1 cm laiuse äärise.
d) Tõsta täpike vanillikreemi peale maasikatele, lastes mõnel tipul taigna ülemisest servast kõrgemale paista. Puista peale veel näpuotsatäis jahvatatud kaneeli, seejärel rulli sarvesaia tainas ühest lühemast küljest üles, näpista kokku taignaääred, et alus kinnituks.
e) Aseta rull, kokkusurutud põhi allapoole, ühte muffiniauku ja korda sama ülejäänud taigna, vanillikreemi ja maasikatega.
f) Kui kõik krõbinad on kokku pandud, küpseta 15-20 minutit, kuni need on kerkinud, kuldsed ja pealt krõmpsuvad.
g) Lükake sarvesaia tainas tagasi vormidesse, kui see küpsemise ajal liiga palju kerkib. Serveerimiseks puista üle tuhksuhkruga.

22.Maasikajogurtiga murekoogi ruudud

JUHISED:
- 2 tassi grahami kreekeripuru
- ½ tassi soolata võid, sulatatud
- 3 tassi külmutatud maasikaid, sulatatud
- ¼ tassi granuleeritud suhkrut
- 2 tassi vaniljejogurtit
- Vahukoor, serveerimiseks

JUHISED:
a) Sega segamisnõus Grahami kreekeripuru ja sulatatud või. Suru segu 9x9-tollise ahjuvormi põhja, et moodustuks koorik.
b) Blenderis sulatatud maasikad ühtlaseks massiks. Lisa suhkur ja sega uuesti ühtlaseks massiks.
c) Eraldi kausis segage maasikapüree vaniljejogurtiga, kuni see on hästi segunenud.
d) Valage maasikajogurti segu küpsetusnõus olevale Grahami kreekerikoorele.
e) Silu pealt spaatliga ja kata plaat kilega.
f) Asetage roog sügavkülma vähemalt 4 tunniks või kuni see on tahke.
g) Serveerimiseks lõika külmutatud kook ruutudeks ja tõsta iga ruudu peale vahukoor.

23.Täidetud maasikad

JUHISED:
- 1 pint maasikaid
- 4 untsi toorjuustu, pehmendatud
- ¼ tassi tuhksuhkrut
- ½ tl vaniljeekstrakti
- ¼ tassi purustatud grahami kreekereid

JUHISED:
a) Pese maasikad ja lõika pealt ära. Õõnestage keskosa väikese noa või maasikakoorega.
b) Sega kausis toorjuust, tuhksuhkur ja vaniljeekstrakt ühtlaseks massiks.
c) Täida iga maasikas toorjuustuseguga.
d) Kastke täidetud maasika ots purustatud grahami kreekeritesse.
e) Enne serveerimist jahuta 30 minutit.

24.Nutella täidisega maasikad

JUHISED:
- 30 viilutatud värsket maasikat
- 1 (7 untsi) purk vahukoort
- 13-untsine purk Nutella
- 30 värsket mustikat
- 1 (14,4 untsi) pakk minigraham kreekereid

JUHISED:
a) Esmalt lõigake iga maasika alumine osa ja tehke igasse neist ülevalt auk.
b) Nüüd pane sellesse auku vahukoor ja sarapuupähklimääre ning tõsta sellele üks mustikas.
c) Enne serveerimist kata graham kreekeriga.

25. Šokolaadiga kaetud maasikad

JUHISED:
- Värsked maasikad, pestud ja kuivatatud
- 1 pakk CandiQuik (vaniljemaitseline kommikate)
- Valikuline: valge šokolaadi laastud, tumeda šokolaadi laastud või muud kaunistused

JUHISED:
a) Vooderda ahjuplaat küpsetuspaberiga.
b) Murra CandiQuik tükkideks ja aseta kuumakindlasse kaussi. Sulata CandiQuik vastavalt pakendi juhistele. Tavaliselt hõlmab see mikrolaineahjus 30-sekundiliste intervallidega, kuni see täielikult sulab.
c) Hoidke iga maasikat varrest või kastke maasikad sulatatud CandiQuikisse hambaorkide abil , kattes need umbes kahe kolmandiku ulatuses.
d) Laske üleliigsel CandiQuik- kattel maha tilkuda, seejärel asetage šokolaadiga kaetud maasikad küpsetuspaberiga kaetud ahjuplaadile.
e) Valikuline: kuni CandiQuik kate on veel märg, võite kaunistamiseks šokolaadiga kaetud maasikatele niristada sulatatud valget šokolaadi, tumedat šokolaadi või muid katteid.
f) Laske CandiQuik- kattel täielikult taheneda.
g) Kui teie šokolaadiga kaetud maasikad on hangunud, on need nautimiseks valmis!

26.Punased, valged ja sinised maasikad

JUHISED:
- Värsked maasikad, pestud ja kuivatatud
- 1 pakk CandiQuik (vaniljemaitseline kommikate)
- Sinised kommid sulavad
- Valge komm sulab
- Valikuline: kaunistamiseks punased, valged ja sinised puistad või söödavad särad

JUHISED:
a) Vooderda ahjuplaat küpsetuspaberiga.
b) Murra CandiQuik tükkideks ja aseta kuumakindlasse kaussi. Sulata CandiQuik vastavalt pakendi juhistele. Tavaliselt hõlmab see mikrolaineahjus 30-sekundiliste intervallidega, kuni see täielikult sulab.
c) Jaga maasikad kolme rühma.
d) Kastke üks rühm maasikaid sulatatud CandiQuikisse, kuni see on täielikult kaetud. Aseta need küpsetuspaberiga kaetud ahjuplaadile.
e) Kastke teine rühm maasikaid sulatatud siniste kommide sulamistesse, kuni need on täielikult kaetud. Aseta need ahjuplaadile valge kattega maasikate kõrvale.
f) Kastke ülejäänud rühm maasikaid sulatatud valgesse kommi, kuni see on täielikult kaetud. Aseta need ahjuplaadile sinise kattega maasikate kõrvale.
g) Valikuline: kuni kommikate on veel märg, puistake iga kaetud maasika peale punast, valget ja sinist puistatust või söödavat sära, et anda pidulikku puudutust.
h) Laske kommikattel taheneda ja täielikult taheneda.
i) Pärast seadistamist on teie punased, valged ja sinised maasikad nautimiseks valmis!

27.Cinco De Mayo maasikad

JUHISED:
- Värsked maasikad, pestud ja kuivatatud
- 1 pakk CandiQuik (vaniljemaitseline kommikate)
- Rohelist värvi suhkur või rohelised puistad
- Valge või kullavärvi suhkur või puistad
- Valikuline: kaunistuseks laimikoor

JUHISED:
a) Vooderda ahjuplaat küpsetuspaberiga.
b) Murra CandiQuik tükkideks ja aseta kuumakindlasse kaussi. Sulata CandiQuik vastavalt pakendi juhistele. Tavaliselt hõlmab see mikrolaineahjus 30-sekundiliste intervallidega, kuni see täielikult sulab.
c) Hoidke iga maasikat varrest või kastke maasikad sulatatud CandiQuikisse hambaorkide abil , kattes need umbes kahe kolmandiku ulatuses.
d) Laske üleliigsel CandiQuik- kattel maha tilkuda, seejärel asetage kaetud maasikad küpsetuspaberiga kaetud ahjuplaadile.
e) Kuni CandiQuik kate on veel märg, puista ühele kolmandikule kaetud maasikatest rohelist suhkrut või rohelisi puisteid. See tähistab Mehhiko lipu rohelist värvi.
f) Puista peale valget või kuldset suhkrut või puista peale veel üks kolmandik kaetud maasikatest. See tähistab Mehhiko lipu valget värvi.
g) Jätke ülejäänud üks kolmandik kaetud maasikatest ilma täiendavate pritsmeteta Mehhiko lipu punase värvi jaoks.
h) Valikuline: Koorige maasikatele laim, et saada tsitruseliste maitset ja lisada garneering.
i) Laske CandiQuik- kattel täielikult taheneda.
j) Kui teie Cinco de Mayo maasikad on seatud, on need nautimiseks valmis!

28. Maasika jõulumütsid

JUHISED:
- CandiQuik (valge šokolaadi kate)
- Värsked maasikad
- Miniatuursed vahukommid

JUHISED:
a) Sulata valge šokolaad CandiQuik vastavalt pakendi juhistele.
b) Kasta maasika terav ots sulatatud CandiQuik'i sisse .
c) Asetage kaetud maasika peale miniatuurne vahukomm, et moodustada jõuluvana mütsi täidis.
d) laske CandiQuikil taheneda.

29. Maasika šifooni ruudud

JUHISED:
KOORIKU KOHTA:
- 1½ tassi Grahami vahvlipuru
- ⅓ tassi margariini, sulatatud

TÄIDISEKS:
- ¾ tassi keeva vett
- 1 pakk Maasika Jellot
- 1 tass Eagle Brandi piima (magustatud kondenspiim)
- ⅓ tassi sidrunimahla
- 1 pakk külmutatud viilutatud maasikaid
- 3 tassi miniatuurseid vahukomme
- ½ pint Vahukoor, vahustatud

JUHISED:
KOORIKU KOHTA:
a) Sega Graham vahvlipuru ja sulatatud margariin.
b) Patsutage segu 9 x 13-tollise panni põhjale.

TÄIDISEKS:
c) Lahusta maasika Jello suures kausis keevas vees.
d) Sega juurde magustatud kondenspiim, sidrunimahl, külmutatud viilutatud maasikad ja vahukommid.
e) Voldi sisse vahukoor.
f) Vala segu purukoorele.
g) Jahutage, kuni see on hangunud, umbes 2 tundi.

30.S'Moresi täidetud maasikad

JUHISED:
- Värsked maasikad
- Šokolaadilaastud
- Mini vahukommid
- Purustatud graham kreekerid

JUHISED:
a) Õõnestage maasikad.
b) Täida iga maasikas šokolaaditükkide ja minivahukommidega.
c) Puista peale purustatud Graham kreekerid.
d) Enne nende suupistesuuruste S'Moresi hõrgutiste serveerimist jahutage.

31. Maasika-juustukook Churros

JUHISED:
- 1 tass vett
- 2 spl suhkrut
- ½ tl soola
- 2 spl taimeõli
- 1 tass universaalset jahu
- Taimeõli praadimiseks
- ¼ tassi suhkrut (katmiseks)
- 1 tl jahvatatud kaneeli (katmiseks)
- Maasika-juustukoogi täidis (valmis või poest ostetud)

JUHISED:
a) Sega kastrulis vesi, suhkur, sool ja taimeõli. Kuumuta segu keemiseni.
b) Tõsta kastrul tulelt ja lisa jahu. Sega, kuni segust moodustub taignapall.
c) Kuumuta taimeõli sügaval pannil või potis keskmisel kuumusel.
d) Tõsta tainas tähtotsaga varustatud torukotti.
e) Valage tainas kuuma õli sisse, lõigake see noa või kääridega 4–6 tolli pikkusteks tükkideks.
f) Prae aeg-ajalt keerates igalt poolt kuldpruuniks.
g) Eemalda churros õlist ja nõruta paberrätikul.
h) Sega eraldi kausis suhkur ja kaneel. Veereta churrosid kaneelisuhkrusegus, kuni need on kaetud.
i) Täida churros süstla või kondiitritoote abil maasika-juustukoogi täidisega.
j) Serveeri maasika-juustukooki churros soojalt.

32.Maasika toorjuust Enchiladas

JUHISED:
- 10 jahu tortillat
- 1 pakk (8 untsi) toorjuustu, pehmendatud
- ¼ tassi granuleeritud suhkrut
- 2 tassi värskeid maasikaid, viilutatud
- ¼ tassi soolata võid, sulatatud
- ½ tassi granuleeritud suhkrut
- ½ tl jahvatatud kaneeli
- Vahukoor, serveerimiseks

JUHISED:
a) Kuumuta ahi temperatuurini 350 °F.
b) Vahusta keskmises kausis toorjuust ja ¼ tassi suhkrut ühtlaseks massiks.
c) Aseta tortilla tasasele pinnale ja määri keskele umbes 1,5 supilusikatäit toorjuustusegu.
d) Laota toorjuustusegu peale mõned viilud maasikaid.
e) Rullige tortilla tihedalt kokku ja asetage õmblusega pool allapoole 9x13-tollisse ahjuvormi.
f) Korrake ülejäänud tortillade, toorjuustusegu ja maasikatega.
g) Sega väikeses kausis sulatatud või, ½ tassi suhkrut ja kaneeli.
h) Vala võisegu enchiladade peale.
i) Küpseta 20-25 minutit või kuni enchiladad on kuldpruunid ja krõbedad. Serveeri vahukoorega.

33.Godiva maasika-banaani kabobid

JUHISED:
- 1 tass tumeda šokolaadi laastud
- 4-5 tervet värsket maasikat
- 2 banaani

JUHISED:
a) Viiluta maasikad 3-4 tükiks.
b) Lõika banaanid 1-tollisteks tükkideks.
c) Tõsta maasikad ja banaanitükid vaheldumisi puidust varrastele.
d) Asetage vardad küpsetuspaberi lehele.
e) Lisa mikrolaineahjus kasutatavasse kaussi tumeda šokolaadi laastud. Mikrolaineahjus 30 sekundit, segage ja seejärel mikrolaineahjus veel 15 sekundit. Jätka segamist, kuni šokolaad on ühtlane. Vajadusel mikrolaineahjus veel 15 sekundit.
f) Nirista sulatatud šokolaadiga edasi-tagasi iga vardas.
g) Lase šokolaadil jahtuda ja taheneda.
h) Nautige oma dekadentlikku Godiva Strawberry Banana Kabobsi!

34. Segatud puuviljakevadrullid maasikakastmega

JUHISED:
PUUVILJADE KEVADRULLIDE KOHTA:
- 1 tass maasikaid, viilutatud neljandikku
- 2 kiivi , viiludeks lõigatud
- 2 apelsini, viiludeks lõigatud
- 1 mango, ribadeks lõigatud
- 2 virsikut, lõigatud ribadeks
- ½ tassi kirsse, kividest eemaldatud ja pooleks lõigatud
- ½ tassi mustikaid
- ½ tassi vaarikaid
- 1 tärni puu
- 8 lehte Vietnami riisipaberit
- Värsked piparmündilehed

MAASIKADIPPEKASTME JAOKS:
- 2 tassi maasikaid
- 1 kannatusvili

ŠOKOLAADI Kastme jaoks:
- 1 tass tumedat šokolaadi, sulatatud

JUHISED:

PUUVILJA KEVADRULLIDE ETTEVALMISTAMINE:

a) Lõika kõik puuviljad väikesteks tükkideks. Soovi korral kasuta mango jaoks tähekujulist lõikurit.

b) Täitke madal kauss veega ja kastke Vietnami riisipaberilehed vette, veendudes, et need saavad mõlemalt poolt mõõdukalt märjaks. Olge ettevaatlik, et mitte leotada neid liiga kaua, kuna need võivad muutuda liiga pehmeks.

c) Kui olete riisipaberid leotanud, asetage igale riisipaberilehele osa ettevalmistatud puuvilju.

d) Asetage need keskele ja rullige need siis nagu burrito kokku, keerates kaks külgmist klappi sisse .

MAASIKADIKETTE VALMISTAMINE:

e) Sega segistis maasikad ja passionivilja viljaliha.

f) Blenderda ühtlaseks. Sellest saab teie maasikakaste.

TEENINDAMINE:

g) Serveeri puuviljakevadrulle maasika dipikastmega. Kastmisvõimalusena võid pakkuda ka sulatatud tumedat šokolaadi.

h) Nautige oma värskendavaid ja tervislikke Fruit Spring Rolls kuumadel suvepäevadel!

35.Kevadrullid maasika limonaadiga

JUHISED:
KEVADRULLID:
- Soe vesi
- 8 riisipaberist ümbrist
- 1 kiivi, viilutatud
- ¼ tassi maasikaid (40 g), viilutatud
- ½ mangot, viilutatud
- ¼ tassi vaarikaid (30 g)
- ½ rohelist õuna, viilutatud

MAASIKALIMONAADDIPP:
- ½ tassi vanilje-kreeka jogurtit (120 g)
- ½ tassi maasikaid (75 g), viilutatud
- 3 oksa värsket piparmündilehte
- 1 spl mett
- 1 spl sidrunimahla
- ¼ supilusikatäit sidrunikoort, lisaks veel kaunistuseks

JUHISED:
TEE MAASIKALIMONAADDIPP:
a) Lisa blenderisse kreeka jogurt, viilutatud maasikad, värsked piparmündilehed, mesi, sidrunimahl ja sidrunikoor.
b) Blenderda ühtlaseks.
c) Tõsta dipikaste väikesesse kaussi ja kaunista veel sidrunikoorega.
d) Jahuta dipikastme rullide kokkupanemise ajaks külmikusse.

KOKKU KOKKU VEDRURULLID:
e) Täitke keskmine madal kauss sooja veega ja asetage see oma töökoha lähedusse.
f) Kastke riisipaberist ümbris mõneks sekundiks sooja vette, jättes selle täielikult vette.
g) Eemaldage leotatud riisipaber ja asetage see siledale puhtale pinnale, näiteks taldrikule.
h) Lisage ümbrise keskele soovitud kombinatsioon viilutatud kiivist, viilutatud maasikatest, viilutatud mangost, vaarikatest ja viilutatud rohelisest õunast. Olge ettevaatlik, et mitte üle täita, et rullimine oleks lihtsam.
i) Töötades kiiresti, enne kui riisipaber kuivab, voldi riisipaberi mõlemad pooled puuvilja külge, et see kinnitada.
j) Tõstke riisipaberi alumine serv üles ja keerake see ettevaatlikult üle puuviljade ülaosa, tõmmake see teiselt poolt alla.
k) Rullige õrnalt, kuni vili on täielikult kaetud ja ümbrise ülemine serv jääb kevadrulli külge.
l) Korrake rullimist ülejäänud koostisosadega.
m) Tõstke iga kevadrull kõrvale ja katke see niiske paberrätikuga, et see säiliks värskena, kuni jätkate ülejäänud koostisosadega.

SERVERI:
n) Serveeri puuviljakevadrulle koos jahutatud maasika limonaadi dipikastmega.
o) Nautige seda värskendavat ja tervislikku eelrooga!

36. Maasika külmutatud jogurti vahvlid

JUHISED:
ÜLIPAKSUD JÄÄTISEVAHVELID
- 1 tass universaalset jahu
- ½ tassi granuleeritud suhkrut
- ¼ tassi soolata võid, sulatatud
- ¼ tassi piima
- ½ tl vaniljeekstrakti
- Näputäis soola
- Küpsetussprei või täiendav sulavõi (vahvliraua määrimiseks)

TÄITMINE
- 250 g kooritud maasikaid, lisaks veel 125 g kooritud ja peeneks hakitud maasikaid
- ½ tassi (110 g) tuhksuhkrut
- 500g orgaanilist kreeka stiilis jogurtit
- ½ tassi (125 ml) puhast (õhukest) koort

JUHISED:
ÜLIPAKSUD JÄÄTISEVAHVELID
a) Eelsoojendage vahvlirauda vastavalt tootja juhistele.
b) Segage segamisnõus universaalne jahu, granuleeritud suhkur ja näputäis soola.
c) Eraldi mikrolaineahjus kasutatavas kausis sulatage soolata või.
d) Lisa kuivainetele sulatatud või, piim ja vaniljeekstrakt. Sega, kuni saad ühtlase taigna. See peaks olema paks, kuid valatav.
e) Määri vahvliraud kergelt küpsetussprei või sulavõiga.
f) Valage eelsoojendatud vahvliraudale nii palju tainast, et see kataks umbes ⅔ vahvlirestist. Vajalik taigna kogus sõltub vahvliraua suurusest.
g) Sulge vahvliraud ja küpseta vastavalt tootja juhistele, kuni vahvlid on kuldpruunid ja krõbedad. See võtab tavaliselt umbes 2-4 minutit.
h) Eemaldage vahvlid vahvliraust ettevaatlikult kahvli või spaatliga. Need peaksid kuumalt olema painduvad, kuid jahtudes muutuvad krõbedaks.
i) Asetage kuumad vahvlid restile täielikult jahtuma. Jahtudes muutuvad need eriti paksuks jäätise vahvliteks.

MAASIKAJOGURTISEGU VALMISTAMINE:
a) Alustuseks asetage 250 g kooritud maasikaid ja tuhksuhkrut köögikombaini. Töötle kuni segu muutub ühtlaseks.
b) Lisa köögikombainis maasikasegule kreeka moodi mahejogurt. Töötle uuesti, kuni kõik on hästi ühendatud.
c) Valage maasikajogurti segu suurde madalasse plastnõusse. Kata see kaane või fooliumiga ja aseta sügavkülma.
d) Laske sellel umbes 3 tundi külmuda või kuni see muutub kõvaks.

JOGURTTÄIDISE VALMISTAMINE:
e) Määrige 20 cm x 30 cm lamingtoni pann kergelt taimeõlipritsiga. Vooderda vormi põhi ja kaks pikemat külge küpsetuspaberiga, lõika see sobivaks.
f) Vahusta puhas (õhuke) koor elektriliste visplitega suures kausis, kuni moodustuvad pehmed piigid.
g) Tõsta maasikajogurtisegu sügavkülmast välja. Haki see jämedalt ja töötle köögikombainis, kuni see muutub ühtlaseks.

h) Voldi töödeldud maasikajogurtisegu vahukoore hulka. Mõnusa täidise saamiseks segage juurde hakitud maasikaid.
i) Määri jogurti ja maasikasegu ühtlaselt ettevalmistatud lamingtoni panni põhjale.
j) Kata pann kilega ja pane tagasi sügavkülma. Laske sellel umbes 4 tundi külmuda või kuni see muutub kõvaks.

MAASIKAKÜLMUTATUD JOGURTIVAHVLITE KOKKUVÕTE:
k) Keera külmutatud maasikajogurtiplaat lõikelauale. Eemaldage küpsetuspaber ja lõigake servad puhtaks ristkülikuks.
l) Kasutage suuruse määramiseks üht eriti paksu jäätisevahvlit. Lõika külmutatud jogurtiplaat 12 sobiva suurusega tükiks.
m) Asetage iga tükk külmutatud maasikajogurtit kahe eriti paksu jäätisevahvli vahele, et luua maitsvad maasika külmutatud jogurti vahvlid.
n) Serveeri kohe ja naudi omatehtud maasika-külmutatud jogurti vahvleid, mis on mõnus ja värskendav maius!

37.Maasikas Tuiles

JUHISED:
- 100 grammi jahvatatud mandleid
- 25 grammi tavalist jahu
- 70 grammi tuhksuhkrut
- 15 grammi purustatud kuivatatud maasikaid
- 25 grammi võid, sulatatud ja jahutatud
- 1 suur munavalge, kergelt vahustatud

JUHISED:
a) Sega kausis jahvatatud mandlid, tavaline jahu, tuhksuhkur ja purustatud kuivatatud maasikad. Segage neid omavahel, kuni need on hästi segunenud.
b) Lisa kuivainetele sulatatud ja jahutatud või koos kergelt vahustatud munavalgega. Sega, kuni segust moodustub ühtlane ja ühtlane tainas.
c) Kata tainas kaanega ja pane 30 minutiks külmkappi. See jahutamise samm aitab tainal tahkuda ja sellega töötamist on lihtsam.
d) Kuumuta ahi 160°C (325°F) või gaasimärgini 3. Määrige kolm küpsetusplaati võiga ja asetage need kõrvale.
e) Võta jahtunud tainas ja tõsta lusikaga 20 portsjonit ettevalmistatud küpsetuspaberitele. Iga osa tuleks tasandada ringiks, mille läbimõõt on umbes 3 tolli ja paksus umbes 1/16 tolli. Veenduge, et iga tuilide vahel oleks piisavalt ruumi , sest need lähevad küpsetamise ajal laiali.
f) Küpseta tuile eelsoojendatud ahjus umbes 8 minutit või kuni need muutuvad kauniks kuldseks. Jälgige neid tähelepanelikult, sest need võivad kiiresti muutuda täiuslikult kuldsest üleküpseks.
g) Kuni tuilid on veel kuumad, eemaldage need ettevaatlikult palettnoaga küpsetuspaberitelt. Vajutage kohe õrnalt iga tuile taignarulli peale, et luua õrn lokivorm. Olge ettevaatlik, kuna tuile on kuumalt habras.
h) Laske maasikatuilidel jahtuda ja nende kaardunud kujul taheneda . Kui need on täielikult jahtunud ja tahkestunud, eemaldage need ettevaatlikult taignarullilt.
i) Hoidke oma Maasika Tuiles õhukindlas anumas, et säilitada nende krõbedus ja maitse.

38.Lunchbox maasikajogurti dip

JUHISED:
- 1 tass kreeka jogurtit
- ½ tassi purustatud maasikaid
- 1 spl mett või vahtrasiirupit
- ½ tl vaniljeekstrakti

JUHISED:
a) Sega kausis kreeka jogurt, püreestatud maasikad, mesi või vahtrasiirup ja vaniljeekstrakt.
b) Sega hästi ühtlaseks ja hästi segunevaks.
c) Pakkige tervislik maasikajogurti dipikaste koos värskete puuviljade või täisterakreekeritega väikesesse anumasse.

39. Maasikas Tempura

JUHISED:
- 1 tass maasikaid, kooritud
- 1 tass universaalset jahu
- ¼ tassi maisitärklist
- ¼ teelusikatäit küpsetuspulbrit
- ¼ teelusikatäit soola
- 1 tass jääkülma vett
- Taimeõli praadimiseks
- Tolmutamiseks tuhksuhkur

JUHISED:
a) Sega kausis jahu, maisitärklis, küpsetuspulber ja sool.
b) Lisa järk-järgult kuivainetele jääkülm vesi, vahustades, kuni tainas on tükkidega ühtlane.
c) Kuumutage taimeõli fritüüris või suures potis temperatuurini 180 °C (360 °F).
d) Kastke iga maasikas taignasse, veendudes, et see on täielikult kaetud.
e) Asetage taignaga maasikad ettevaatlikult kuuma õli sisse ja praadige kuldpruuniks, keerates neid ühtlaseks küpsetamiseks korra.
f) Eemalda praetud maasikad õlist lusikaga ja tõsta need paberrätikuga vooderdatud taldrikule, et liigne õli välja kurnata.
g) Puista praetud maasikad tuhksuhkruga.
h) Serveeri maasikatempurat meeldiva ja ainulaadse maiuspalana.

40.Maasika-juustukook Nachos

JUHISED:
- 1 pakk kaneelisuhkru tortillakrõpse
- 1 pint maasikaid, tükeldatud
- 8 untsi toorjuustu, pehmendatud
- ½ tassi tuhksuhkrut
- 1 tl vaniljeekstrakti
- Vahukoor

JUHISED:
a) Sega kausis toorjuust, tuhksuhkur ja vaniljeekstrakt ühtlaseks massiks.
b) Laota tortillakrõpsud vaagnale ning tõsta peale kuubikuteks lõigatud maasikad ja toorjuustusegu tükid.
c) Nirista üle vahukoorega.

PÕHIROOG

41. Pepperoni ja spinati maasikasalat

JUHISED:
- 4 tassi beebispinatit
- ½ tassi kuubikuteks lõigatud pepperoni
- 1 tass värskeid maasikaid, viilutatud
- ¼ tassi viilutatud mandleid
- Fetajuust mureneb
- Balsamico vinegreti kaste

JUHISED:
a) Sega suures kausis beebispinat, kuubikuteks lõigatud pepperoni, viilutatud maasikad, viilutatud mandlid ja fetajuustu murenemine.
b) Nirista üle balsamico vinegreti kastmega ja sega õrnalt läbi.

42.Roosa peosalat

JUHISED:
- 1 purk (nr 2) purustatud ananass
- 24 suur Vahukommid
- 1 pakk Maasika Jellot
- 1 tass Vahukoor
- 2 tassi Väike kohupiima kodujuust
- ½ tassi Pähklid; hakitud

JUHISED:
a) Kuumuta ananassist saadud mahl koos vahukommide ja Jelloga. Lahe.
b) Sega omavahel vahukoor, ananass, kodujuust ja pähklid. Lisage esimene segu ja segage.
c) Jahuta üleöö.

43.Kiivi maasika piparmündi puuvilja sushikauss

JUHISED:

- 1 tass sushiriisi, keedetud
- 2 kiivit, viilutatud
- 1 tass maasikaid, viilutatud
- Värsked piparmündilehed
- 2 supilusikatäit mett
- ¼ tassi viilutatud mandleid

JUHISED:

a) Aseta keedetud sushiriis kaussi.
b) Laota peale kiivi- ja maasikaviilud.
c) Kaunista värskete piparmündilehtedega.
d) Nirista kaussi peale mett.
e) Lisa krõmpsumiseks puista peale viilutatud mandleid.
f) Serveeri ja naudi värskendavaid maitseid.

44. Maasika basiiliku Prosciutto grilljuust

JUHISED:
- 12 untsi värsket mozzarellat, viilutatud
- 8 viilu saia, paksuks lõigatud
- 2 supilusikatäit pehmendatud võid
- 8 värsket maasikat (keskmised kuni suured), õhukesteks viiludeks
- 12 värsket basiilikulehte, terved
- 8 prosciutto viilu, lõika õhukeseks
- 2 untsi balsamico glasuuri

JUHISED:
a) Lao mõlemale poolele leiva- ja võiviilud.
b) Võiga määrimata poolele lao kihiti värske mozzarella, maasikad, basiilikulehed ja prosciutto.
c) Nirista üle balsamico glasuuriga; aseta ülejäänud leib peale ja tõsta eelsoojendatud mittenakkuvale pannile.
d) Küpseta umbes üks minut, vajutades spaatliga alla. Pöörake ja korrake kuni kuldpruunini.
e) Eemalda, soovi korral nirista peale ekstra balsamico glasuur, tükelda ja serveeri.

45.Röstsai maasikate ja toorjuustuga

JUHISED:
- 8 keskmise paksusega viilu pehmet magusat saia, näiteks challah või brioche
- 8-12 supilusikatäit (umbes 8 untsi) toorjuustu (madala rasvasisaldusega on hea)
- Umbes ½ tassi maasikahoidiseid
- 1 tass (umbes 10 untsi) viilutatud maasikaid
- 2 suurt muna, kergelt lahti klopitud
- 1 munakollane
- Umbes ½ tassi piima (madala rasvasisaldusega sobib)
- Natuke vaniljeekstrakti
- Suhkur
- 2-4 spl soolata võid
- ½ tl värsket sidrunimahla
- ½ tassi hapukoort
- Mitu oksa värsket piparmündi õhukesteks viiludeks

JUHISED:

a) Määri 4 leivaviilu paksult toorjuustukreemiga, veidi külgede poole kahandades, et toorjuust küpsemise käigus välja ei imbuks, seejärel määri ülejäänud 4 saiaviilu hoidistega.
b) Puista toorjuustu peale kerge kiht maasikaid.
c) Katke iga juustumäärdeleivatükk saiatükiga. Vajutage õrnalt, kuid tugevalt, et tihendada.
d) Sega madalas kausis munad, munakollane, piim, vaniljeekstrakt ja umbes 1 supilusikatäis suhkrut.
e) Kuumutage rasket mittenakkuvat panni keskmisel-kõrgel kuumusel. Lisa või. Kastke iga võileib ükshaaval piima ja munaga kaussi. Laske sellel hetk või 2 leotada, seejärel keerake ümber ja korrake.
f) Aseta võileivad kuumale pannile koos sulatatud võiga ja lase neil küpseda kuldpruuniks. Pöörake ümber ja pruunistage teine pool kergelt.
g) Vahepeal sega ülejäänud maasikad maitse järgi suhkru ja sidrunimahlaga.
h) Serveeri iga võileiba kohe, kui see on valmis, kaunistatud lusika või 2 maasika ja tüki hapukoorega.
i) Puista neid ka mõne piparmündiga.

46.Spargli ja maasika salat

JUHISED:
- 1 hunnik sparglit
- 2 tassi värskeid maasikaid, kooritud ja viilutatud
- 4 tassi segatud salatirohelist
- 1/4 tassi viilutatud mandleid
- 1/4 tassi murendatud kitsejuustu
- Balsamico vinegreti kaste

JUHISED:
a) Lõika spargli kõvad otsad ja blanšeeri neid 2 minutit keevas vees. Nõruta ja tõsta kõrvale.
b) Sega suures kausis omavahel segatud salatiroheline, blanšeeritud spargel, viilutatud maasikad, viilutatud mandlid ja murendatud kitsejuust.
c) Nirista üle balsamico vinegreti kastmega ja sega õrnalt läbi.
d) Serveeri spargli- ja maasikasalatit elava ja maitseka salativalikuna.

47.Maasika ja spinati raviooli salat

JUHISED:
- 1 pakk maasika-spinati raviooli
- 2 tassi värskeid spinati lehti
- 1 tass maasikaid, viilutatud
- ¼ tassi viilutatud mandleid
- 2 spl balsamico glasuuri
- 2 spl ekstra neitsioliiviõli
- Sool ja pipar maitse järgi

JUHISED:
a) Küpseta maasika-spinati ravioolid vastavalt pakendi juhistele. Nõruta ja lase jahtuda.
b) Segage suures kausis keedetud ravioolid, värsked spinatilehed, viilutatud maasikad ja viilutatud mandlid.
c) Nirista peale balsamico glasuuri ja ekstra neitsioliiviõli.
d) Maitsesta soola ja pipraga ning sega õrnalt läbi.
e) Serveeri maasika-spinati ravioolisalatit jahutatult.

MAGUSTOIT

48. Maasika peegelglasuuriga makaronid

JUHISED:

MAKARONIKESTATE KOHTA:
- 1 tass mandlijahu
- 1 tass tuhksuhkrut
- 2 suurt munavalget, toatemperatuuril
- ¼ tassi granuleeritud suhkrut
- 1 sidruni koor (maitse lisamiseks)
- Roosa või punane geeljas toiduvärv (valikuline)

MAASIKATÄIDISEKS:
- ½ tassi värskeid maasikaid, püreestatud ja kurnatud
- ¼ tassi granuleeritud suhkrut
- 2 spl soolata võid
- ½ tl sidrunimahla (valikuline, heleduse jaoks)

MAASIKA PEEGELLAASUURI KOHTA:
- ½ tassi vett
- 1 tass granuleeritud suhkrut
- ½ tassi heledat maisisiirupit
- ½ tassi värsket maasikapüreed (kurnatud)
- 2 spl želatiinipulbrit
- Roosa või punane geeljas toiduvärv (valikuline)

JUHISED:
MAKARONIKESTIDE VALMISTAMINE:
a) Vooderda kaks ahjuplaati küpsetuspaberi või silikoonist küpsetusmattidega.
b) Sega köögikombainis mandlijahu ja tuhksuhkur. Pulse, kuni see on hästi segunenud ja peene tekstuuriga. Tõsta suurde segamisnõusse.
c) Vahusta teises segamiskausis munavalged, kuni need muutuvad vahuks. Lisa vahustamist jätkates järk-järgult granuleeritud suhkur. Vahusta kuni moodustuvad jäigad tipud. Soovi korral lisage paar tilka roosat või punast geelist toiduvärvi ja sidrunikoort ning segage, kuni see on ühtlaselt jaotunud.
d) Sega mandlijahusegu spaatli abil õrnalt munavalgesegu hulka. Voldi, kuni tainas on ühtlane ja moodustab paelalaadse konsistentsi. Olge ettevaatlik, et mitte üle segada.
e) Tõsta makaronitainas ümmarguse otsaga torukotti.
f) Toruge ettevalmistatud küpsetusplaatidele väikesed ringid (läbimõõduga umbes 1 tolli), jättes nende vahele ruumi. Õhumullide vabastamiseks koputage küpsetusplaate vastu leti.
g) Laske makaronidel umbes 30 minutit toatemperatuuril seista, kuni pinnale tekib nahk. See samm on sileda kesta jaoks ülioluline.
h) Sel ajal, kui makaronid puhkavad, eelsoojendage ahi temperatuurini 300 °F (150 °C).
i) Küpseta makarone 15 minutit, poole peal ahjuplaate keerates.
j) Eemaldage makaronid ahjust ja laske neil mõni minut ahjuplaadil jahtuda, enne kui asetate need restile täielikult jahtuma.

MAASIKATÄIDISE VALMISTAMINE:
k) Sega potis värske maasikapüree ja granuleeritud suhkur. Kuumuta keskmisel kuumusel pidevalt segades, kuni segu pakseneb, umbes 5-7 minutit.
l) Eemaldage kastrul tulelt ja vahustage soolata või ja sidrunimahlaga (kui kasutate), kuni see on täielikult segunenud.
m) Tõsta maasikatäidis kaussi, kata see kilega (pinda otse puudutades, et vältida naha moodustumist) ja jahuta, kuni see on jahtunud ja taheneb, umbes 1 tund.

MAKARONIDE KOKKUVÕTE:

n) Sobitage makroonikoored sarnase suurusega paarideks.
o) Täitke torukott maasikatäidisega ja tõmmake igast paarist väike kogus ühele makaronikoorele.
p) Vajutage õrnalt teist kesta peal, et luua võileib. Korrake ülejäänud makroonidega.

MAASIKA PEEGELGLASUURI VALMISTAMINE:

q) Sega väikeses kausis želatiinipulber 2 spl külma veega. Laske paar minutit õitseda.
r) Sega kastrulis vesi, granuleeritud suhkur, maisisiirup ja maasikapüree. Kuumuta keskmisel kuumusel pidevalt segades keemiseni, kuni suhkur on lahustunud.
s) Tõsta segu tulelt ja lisa õitsenud želatiin, sega ühtlaseks.
t) Soovi korral lisa paar tilka roosat või punast geelist toiduvärvi, et saada erksat maasikavärvi.

MAKARONIDE GLASEERIMINE:

u) Asetage rest küpsetusplaadile, et üleliigne glasuur kinni püüda.
v) Hoidke iga makrooni ülaosast ja kastke põhi õrnalt maasika peegelglasuuri sisse. Laske üleliigsel glasuuril maha tilkuda.
w) Aseta glasuuritud makaronid restile umbes 30 minutiks tahenema, kuni glasuur on tihke.
x) Säilita maasikapeegliglasuuriga macarone õhukindlas anumas külmkapis kuni kolm päeva. Nautige neid veetlevaid maasikamaid!

49.Maasika Lamingtonid

JUHISED:
- 8 muna, eraldatud
- 2 munakollast
- 190 g tuhksuhkrut
- 80 g tavalist jahu
- 40 g maisijahu
- 40g võid, sulatatud ja jahutatud
- 5 ml (1 tl) vaniljeekstrakti
- 100 g kuivatatud kookospähklit

MAASIKAKLASTE:
- 30 g soolamata võid
- 4 spl maasikaželee kristalle
- 300g (2 tassi) tuhksuhkrut, sõelutud

JUHISED:
a) Kuumuta ahi 180°C-ni. Määri ja vooderda 30 x 18 cm lamingtoni pann.
b) Sega kausis 10 munakollast ja 90 g tuhksuhkrut. Vahusta, kuni segu on kahvatu, seejärel tõsta suurde kaussi.
c) Sõeluge tavaline jahu ja maisijahu kokku, seejärel segage need munakollase segusse.
d) Sega hulka sulatatud või ja vaniljeekstrakt.
e) Vahusta teises kausis munavalged ülejäänud tuhksuhkru ja vaniljeekstraktiga, kuni moodustuvad tugevad tipud.
f) Sega pool vahustatud munavalgetest ettevaatlikult munakollasesegu hulka, seejärel sega hulka ülejäänud munavalged.
g) Laota tainas ühtlaselt ettevalmistatud pannile ja küpseta 15 minutit. Võta ahjust välja ja kata köögirätikuga.
h) Glasuuri valmistamiseks pane kaussi soolata või ja maasikatarretise kristallid. Vala üle 250 ml keeva veega ja sega, kuni või on lahustunud.
i) Sõelu hulka tuhksuhkur ja vahusta ühtlaseks. Lase glasuuril veidi jahtuda.
j) Lõika käsn 12 ruuduks. Kastke iga ruut glasuurisse ja veeretage seejärel kuivatatud kookospähklis, kuni see on ühtlaselt kaetud.

50. Maasikasuflee

JUHISED:
- 18 untsi värskeid maasikaid, kooritud ja püreestatud
- ⅓ tassi toores mett
- 5 orgaanilist munavalget
- 4 tl värsket sidrunimahla

JUHISED:
a) Kuumuta oma ahi temperatuurini 350ºF.
b) Sega kausis maasikapüree, 3 supilusikatäit mett, 2 proteiini ja sidrunimahl ning puljongi, kuni see muutub kohevaks ja heledaks.
c) Lisa teises kausis ülejäänud valgud ja klopi kohevaks.
d) Sega hulka ülejäänud mesi.
e) Segage valgud õrnalt maasikasegule.
f) Tõsta segu ühtlaselt 6 ramekiini sisse ja ahjuplaadile.
g) Küpseta umbes 10-12 minutit.
h) Eemaldage ahjust ja serveerige kohe.

51.Šokolaadiga kastetud maasikaküpsised

JUHISED:
KÜPSISTE KOHTA:
- 1 tass soolata võid, pehmendatud
- 1 tass granuleeritud suhkrut
- 2 suurt muna
- 1 tl vaniljeekstrakti
- 3 tassi universaalset jahu
- ½ tl küpsetuspulbrit
- ¼ teelusikatäit soola
- ½ tassi maasikamoosi või konserve

Šokolaadikatte jaoks :
- 1 pakk CandiQuik (vaniljemaitseline kommikate)
- Värsked maasikad, pestud ja kuivatatud

JUHISED:
KÜPSISTE KOHTA:
a) Kuumuta ahi temperatuurini 350 °F (175 °C). Vooderda ahjuplaadid küpsetuspaberiga.
b) Vahusta suures kausis pehme või ja suhkur heledaks ja kohevaks vahuks.
c) Lisa ükshaaval munad, pärast iga lisamist korralikult vahustades. Sega juurde vanilliekstrakt.
d) Vahusta eraldi kausis jahu, küpsetuspulber ja sool.
e) Lisage kuivained järk-järgult märgadele koostisosadele, segades, kuni need on lihtsalt segunenud.
f) Tõsta ümmargused supilusikatäit küpsisetainast ettevalmistatud küpsetusplaatidele, jättes nende vahele veidi ruumi.
g) Kasutage pöidla või väikese lusika tagumist osa, et teha iga küpsise keskele taane.
h) Täida iga süvend väikese koguse maasikamoosi või hoidistega.
i) Küpseta eelkuumutatud ahjus 10-12 minutit või kuni küpsiste servad on kergelt kuldsed.
j) Lase küpsistel mõni minut küpsetusplaatidel jahtuda, enne kui tõstad need restile täielikult jahtuma.

ŠOKOLAADI KATTE JAOKS:
k) Sulata CandiQuik vastavalt pakendi juhistele. Tavaliselt hõlmab see mikrolaineahjus 30-sekundiliste intervallidega, kuni see täielikult sulab.
l) Kastke iga jahtunud maasikatäidisega küpsise ülaosa sulatatud CandiQuik'i, kattes maasikamoosiga.
m) Aseta kastetud küpsised pärgamendiga vooderdatud alusele, et šokolaad hanguks.
n) nirista kastetud küpsistele dekoratiivse puudutuse saamiseks ekstra sulatatud CandiQuik.
o) Enne serveerimist lase šokolaadikattel täielikult taheneda.
p) Kaunistage iga šokolaadiga kastetud maasikaküpsis värske maasikaga, et lisada maitset.

52. Leedriõis Panna Cotta maasikatega

JUHISED:
- 500 ml topeltkoort
- 450 ml täisrasvast piima
- 10 suurt leedriõie pead, õied korjatud
- 1 vaniljekaun, seemned välja kraabitud
- 5 želatiinilehte
- 85 g kuldset tuhksuhkrut

CRUMBLE EEST
- 75g võid, lisaks määrimiseks
- 75 g tavalist jahu
- 50 g kuldset tuhksuhkrut
- 25 g jahvatatud mandleid

SERVEERIMA
- 250g punnet maasikaid, pealsed kärbitud
- 1 spl kuldset tuhksuhkrut
- mõned korjatud leedriõied, kaunistuseks

JUHISED:

a) Pane koor, piim, lilled, vaniljekaun ja seemned tasasele tulele seatud pannile. Niipea kui vedelik hakkab podisema, eemaldage see tulelt ja laske täielikult jahtuda.

b) Vahepeal kallake või väikesele pannile murenemiseks ja kuumutage õrnalt, kuni see on muutunud sügavpruuniks ja lõhnab pähkliselt. Vala kaussi ja lase toatemperatuuril taheneda.

c) Kui kooresegu on jahtunud, määri kuue 150 ml dariole vormi sisemus kergelt õliga. Leota želatiinilehti külmas vees 10 minutit. Kurna jahtunud kooresegu läbi sõela puhtale pannile, visates ära leedriõied ja vanillikaun. Kalla peale suhkur ja sega lahustumiseks. Lase madalal kuumusel ja lase uuesti keema tõusta, seejärel vala suurde kannu. Pigista želatiinist üleliigne vedelik välja ja sega kuuma koore hulka kuni sulamiseni. Jätka segamist, kuni segu on jahtunud ja veidi paksenenud, et kõik vanilliseemned põhja ei vajuks. Vala vormidesse ja jahuta vähemalt 4 tundi. kuni seadistamiseni.

d) Kuumuta ahi 180C/160C ventilaatori/gaasiga 4. Hõõru pruunistatud või jahu hulka, seejärel sega läbi suhkur ja mandlid. Laota küpsetuspaberiga kaetud alusele. Küpseta 25-30 minutit, kuni see on kuldne, paar korda segades. Jäta jahtuma.

e) Viiluta maasikad, sega seejärel suhkru ja 1 tl veega. Tõsta 20 minutiks leotamiseks kõrvale.

f) Tõsta panna cottad taldrikutele ja tõsta peale maasikad ja nende mahl. Puista peale osa murenemist, serveeri kõrval olevas kausis, seejärel kaunista mõne leedriõiega.

53.Rose Maasikas Lamington

JUHISED:

LAMINGTONI KÄSNA KOHTA:
- 390 g tavalist (universaal)jahu
- 70 g maisijahu
- 1 spl küpsetuspulbrit
- ½ tl soola
- 226 g soolata võid, pehmendatud
- 2 ¼ tassi tuhksuhkrut (ülipeent).
- 3 suurt muna
- 3 munavalget
- 1 spl vaniljeekstrakti
- ¾ tassi täispiima

GLASUURI JA KATE:
- ½ tassi tuhksuhkrut (ülipeent).
- 1 tass vett
- 1 ½ tl želatiinipulbrit
- 250 g värskeid pestud ja kooritud maasikaid
- 1 tl roosivee essentsi
- 2 tassi tuhksuhkrut (pulber/kondiitritooted).
- 30 g soolata võid, sulatatud
- 2 tassi peent kuivatatud kookospähklit

JUHISED:
LAMINGTONI KÄSNA KOHTA:
a) Kuumuta ahi 180C / 350F / 160C ventilaatoriga ja vooderda lamingtoni vorm (umbes 22cm x 33cm) küpsetuspaberiga.
b) Sõelu omavahel jahu, maisijahu, küpsetuspulber ja sool ning sega seejärel korralikult läbi.
c) Vahusta või ja suhkur väga heledaks ja kohevaks vahuks. Lisa terved munad ja klopi korralikult läbi, kuni see on täielikult segunenud. Seejärel lisa munavalged ja vanill ning klopi, kuni segu tundub vahustatud ja hele. Kraapige aeg-ajalt kausi külgi alla.
d) Lisa pool jahusegust ja keera õrnalt spaatliga läbi. Seejärel lisa piim ja sega läbi. Lisa ülejäänud jahu ja sega õrnalt läbi, kuni see on segunenud.
e) Laota tainas ühtlaselt ettevalmistatud vormi. Küpseta 35-40 minutit, keerates poolel teel, kuni ülaosa on kuldne ja torgatud hambaork tuleb puhtana välja. Laske sellel veidi jahtuda, seejärel keerake restile, et see täielikult jahtuda.

ROOSI JA MAASIKAGLASUURI JUURDE:
f) Pane suhkur ja vesi kastrulisse ning puista peale želatiinipulber. Oodake 5 minutit, seejärel kuumutage madalal kuumusel, kuni suhkur ja želatiin lahustuvad. Aseta maasikad blenderisse ja vala peale siirup. Püreesta vedelaks.
g) Kalla vedelik läbi sõela kannu ja lisa roosivee essents. Sõelu tuhksuhkur puhtasse kaussi. Lisa sulatatud või ja vala sisse maasikasiirup. Vahusta ühtlaseks massiks ja jäta seejärel 15-30 minutiks külmkappi jahtuma ja veidi paksenema.

KOOSTAMA:
h) Asetage kookospähkel eraldi kaussi. Asetage rest suure küpsetusplaadi kohale.
i) Lõika käsna servad ära ja lõika ruutudeks, eemaldades ka igalt ruudult kuldsed servad.
j) Kastke käsn kahe kahvli abil maasikasegusse, keerates mõlemalt poolt katteks. Laske üleliigsel maha tilkuda, seejärel määrige kohe kookospähkliga ja asetage restile tahenema.

54. Maasika- ja leedrililletort

JUHISED:
- 150 g granuleeritud suhkrut
- 1 sidruni koor
- 170 g soolata võid
- 4 muna
- ¼ teelusikatäit soola
- 1 ½ tl küpsetuspulbrit
- 1 ½ tl soodavesinikkarbonaati
- 250 ml tavalist jogurtit
- 150 g tavalist valget jahu
- 150 g tavalist täisterajahu

KATTEKS:
- 60 g pehmendatud võid
- 3 supilusikatäit Elderflower Cordial
- 100 g maasikaid, tükeldatud
- 160 g tuhksuhkrut

JUHISED:
a) Kuumuta ahi 180 °C-ni ning määri ja vooderda 29 cm vorm.
b) Sega omavahel mõlemad jahud, küpsetuspulber, soodavesinikkarbonaat ja sool. Pange kuivained kõrvale.
c) Vahusta eraldi kausis suhkur, või ja sidrunikoor, kuni need on hästi segunenud. Klopi ükshaaval sisse munad ja seejärel sega juurde jogurt. Seejärel segage see segu kuivainetega.
d) Küpseta segu umbes 40 minutit või kuni see muutub kuldpruuniks. Kontrollimaks, kas see on valmis, kasuta varda või koogitestrit – see peaks puhtalt välja tulema. Kui see on tehtud, segage leedriõie südamik kahe supilusikatäie veega ja nirista see soojale koogile. Lase jahtuda.
e) Võikreemi valmistamiseks segage maasikad ja sidrunimahl, seejärel kuumutage keskmisel madalal kuumusel segades, kuni see on täielikult kuivanud. Laske jahtuda; see on teie "moos".
f) Lõpuks vahusta pehme või jahtunud moosiga ja sega hulka tuhksuhkrut ühtlaseks konsistentsiks. Määri selle võikreemiga oma jahtunud koogile ning tõsta peale maasikad ja leedriõied.
g) Nautige oma maitsvat maasika- ja leedrilillekooki – ideaalne suvine mõnulemine!

55.Keelad Maasika juustukook e

JUHISED:
ALUS:
- 150 g Digestive küpsiseid
- 95 g soolata võid, sulatatud

TÄITMINE:
- 400 g kerget pehmet toorjuustu
- 40 g tuhksuhkrut
- 1 spl vaniljeekstrakti
- 200 ml topeltkreemi
- 10 punast Skittles, Blitzed
- 1 spl maasikakastet

TOPPING:
- Viilutatud värsked maasikad
- Punased Skittles

JUHISED:
a) Lülitage digestive küpsised blenderis läbi, kuni need muutuvad puruks ja segage sulavõiga. Suru segu 8-tollise ümmarguse eemaldatava põhjaga vormi põhja, kuni see on tihke. Asetage see täidise valmistamise ajaks külmkappi jahtuma.
b) Vahusta suures kausis toorjuustu, tuhksuhkrut ja vaniljeekstrakti elektrivispli abil 20 sekundit või kuni moodustub ühtlane konsistents. Seejärel lisa koor ja vahusta paksuks.
c) Voldi sisse 10 blitzed-punast Skittles ja maasikakaste. Vala juustukoogi täidis jahtunud biskviitpõhjale ja silu väikese spaatliga ühtlaseks, veendumaks, et kõik servad on täidetud. Jäta külmkappi tahenema vähemalt 6 tunniks või üleöö.
d) (Valikuline) Kui juustukook on tahenenud, lisage kaunistamiseks värsked maasikad ja mõned punased keeglid.

56.Maasikaküpsised võiküpsised

JUHISED:
- 1 tass soolata võid, pehmendatud
- 1 tass granuleeritud suhkrut
- 1 suur muna
- 1 tl vaniljeekstrakti
- 2 ½ tassi universaalset jahu
- ½ tl küpsetuspulbrit
- ¼ teelusikatäit soola
- 1 tass peeneks hakitud värskeid maasikaid

JUHISED:
a) Kuumuta ahi temperatuurini 350 °F (180 °C).
b) Vahusta suures kausis pehme või ja suhkur heledaks ja kohevaks vahuks.
c) Klopi hulka muna ja vaniljeekstrakt, kuni see on hästi segunenud.
d) Vahusta eraldi kausis jahu, küpsetuspulber ja sool.
e) Lisa kuivained järk-järgult märgadele koostisosadele, sega, kuni moodustub pehme tainas.
f) Sega õrnalt sisse tükeldatud maasikad.
g) Tõsta ümarad supilusikatäit tainast küpsetuspaberiga kaetud ahjuplaadile.
h) Küpseta 10-12 minutit või kuni servad on kergelt kuldsed.
i) Lase küpsistel mõni minut küpsetusplaadil jahtuda, enne kui tõstad need restile.

57. Maasikakrõmpsu Tres Leches kook

JUHISED:

KOOK:
- 1 maasikakoogi segu (küpsetatud ja jahutatud)

MAASIKALEŠE "PIIMA" SEGU:
- 1 15 untsi purk aurutatud piima
- ½–1 12 untsi kondenspiima purk
- ½-1 tassi täispiima
- 1 tass maasikaid

VAHUTATUD KAITE:
- 2 tassi külma tugevat koort
- ¼ - ½ tassi tuhksuhkrut

MAASIKAKRÕPETUS:
- 1–1 ½ tassi No Bake Strawberry Crunch Topping (kombineerige 8 roosat maasika vahvlit ja 6 kuldset Oreot, murendatud)

JUHISED:

a) Küpseta maasikakoogi segu vastavalt juhistele 9x13 ahjuvormis. Laske sellel umbes tund aega jahtuda.

MAASIKALECHES "PIIMA" SEGU:

b) Blenderis või köögikombainis segage maasikad, kondenspiim, aurutatud piim ja täispiim ühtlaseks massiks. Hoidke segu külmas.

c) Valikuline: reserveerige umbes ½ tassi koogiviiludega serveerimiseks.

VAHUTATUD KAITE:

d) Vahusta külm koor ja tuhksuhkur saumikseriga, kuni moodustuvad tugevad piigid. Hoia vahustatud katet külmas.

KOOSTAMINE:

e) Torka kahvliga läbi jahtunud maasikakoogi augud.

f) Vala pool maasikaleches " piimasegu" ja oodake imendumist (umbes 5-8 minutit). Valage ülejäänud pool, katke kilega ja jahutage vähemalt 4 tundi või üleöö.

g) Serveerimisvalmis kata kook vahustatud katte ja maasikakrõmpsudega. Soovi korral kaunista värskete maasikatega.

58.Maasika-juustukoogi flan

JUHISED:
- 1 tass suhkrut
- 1 ½ tassi rasket koort
- ½ tassi täispiima
- 6 suurt muna
- ¼ teelusikatäit soola
- 4 untsi toorjuustu, pehmendatud
- ½ tassi maasikapüreed
- ¼ tassi grahami kreekeripuru
- Serveerimiseks vahukoort ja lisaks graham kreekeripuru

JUHISED:
a) Kuumuta ahi temperatuurini 325 ° F.
b) Kuumuta keskmisel kuumusel keskmisel kuumusel suhkur pidevalt segades, kuni see sulab ja muutub kuldpruuniks.
c) Valage sulasuhkur 9-tollisse lehtvormi, keerates seda vormi põhja ja külgede katmiseks.
d) Kuumuta väikeses potis koor, täispiim ja sool keskmisel kuumusel, pidevalt segades, kuni see lihtsalt keeb.
e) Vahusta toorjuust eraldi kausis ühtlaseks.
f) Lisage maasikapüree ja vahustage, kuni see on hästi segunenud.
g) Lisa ükshaaval munad, pärast iga lisamist korralikult vahustades.
h) Segage Grahami kreekeripuru, kuni see on hästi segunenud.
i) Kurna segu läbi peene sõela ja vala lehtvormi.
j) Asetage vorm suurde ahjuvormi ja täitke vorm nii palju kuuma veega, et see ulatuks vormi külgede poole.
k) Küpseta 50–60 minutit või kuni plaat on hangunud ja raputamisel kergelt väriseb.
l) Eemaldage ahjust ja laske jahtuda toatemperatuurini enne külmkappi panemist vähemalt 2 tundi või üleöö.
m) Serveerimiseks aja noaga ümber vormi servade ja kummuta see serveerimisvaagnale. Serveeri vahukoore ja täiendava grahami kreekeripuruga.

59.Küpsetusvaba maasika limonaadikook

JUHISED:
- 2 tassi grahami kreekeripuru
- 1 tass sulatatud võid
- 1 tass maasikapüreed
- 1 tass vahukoort
- ½ tassi tuhksuhkrut
- 2 sidruni koor
- Kaunistuseks värsked maasikad

JUHISED:
a) Sega segamisnõus Grahami kreekeripuru ja sulatatud või. Sega, kuni puru on kaetud.
b) koogivormi põhja, et tekiks koorik.
c) Segage eraldi kausis maasikapüree, vahukoor, tuhksuhkur ja sidrunikoor, kuni need on hästi segunenud.
d) Kalla maasikasegu koogivormi koorele.
e) Määri segu ühtlaselt laiali ja silu pealt.
f) Hoia külmkapis vähemalt 4 tundi või kuni taheneb.
g) Enne serveerimist kaunista värskete maasikatega.

60.Küpsetamatud maasikatartletid

JUHISED:
- 1 ½ tassi grahami kreekeripuru
- ⅓ tassi sulatatud võid
- 8 untsi toorjuustu, pehmendatud
- ½ tassi tuhksuhkrut
- 1 tl vaniljeekstrakti
- 1 tass värskeid maasikaid, viilutatud

JUHISED:
a) Sega kausis Grahami kreekeripuru ja sulatatud või, kuni need on hästi segunenud.
b) Suru purusegu tartletivormide või minimuffinitopside põhja, et tekiks koorik.
c) Vahusta eraldi kausis toorjuust, tuhksuhkur ja vaniljeekstrakt ühtlaseks vahuks.
d) Tõsta lusikaga toorjuustusegu tartaletikoorikute hulka ja silu pealsed.
e) Tõsta iga tartlet värske maasikaviiludega.
f) Enne serveerimist hoia vähemalt 1 tund külmkapis.

61.Maasikakook Lasanje

JUHISED:
- 12 graham kreekerit
- 1 tass rasket koort
- 8 untsi toorjuustu, pehmendatud
- ½ tassi tuhksuhkrut
- 1 tl vaniljeekstrakti
- 2 tassi viilutatud värskeid maasikaid
- Vahukoor ja lisaks viilutatud maasikad (kaunistuseks)

JUHISED:
a) Asetage Grahami kreekerid lukuga kotti ja purustage need taignarulli abil peeneks puruks.
b) Vahusta vahukoor segamisnõus, kuni moodustuvad tugevad piigid.
c) Vahusta teises segamiskausis toorjuust, tuhksuhkur ja vaniljeekstrakt ühtlaseks massiks.
d) Sega vahukoor toorjuustusegu hulka.
e) Vooderda 8x8-tollise ahjuvormi põhi poole grahami kreekeripuruga.
f) Määri pool toorjuustusegust Grahami kreekerikihile.
g) Laota viilutatud maasikad ühtlaselt toorjuustukihi peale.
h) Korrake kihte ülejäänud Grahami kreekeripuru, toorjuustusegu ja viilutatud maasikatega.
i) Tõsta peale koor vahukoort ja kaunista veel viilutatud maasikatega.
j) Enne serveerimist hoia vähemalt 2 tundi külmkapis, et kihid taheneksid.

62.Maasika-juustukoogi popsicles

JUHISED:
- 1 tass (8 untsi/225 g) toorjuustu
- 3 supilusikatäit suhkrut
- ⅔ tassi jogurtit
- 1 tl vaniljeekstrakti
- 20 maasikat (umbes)
- 1 tass Grahami kreekeripuru

JUHISED:
a) Vahusta kausis toorjuust, jogurt, vanill ja suhkur. Kõrvale panema
b) Püreesta köögikombainis (või blenderis) maasikad tükkidena.
c) Tükeldage Grahami kreekeripuru väikeses kausis peeneks puruks
d) Sega õrnalt toorjuustusegu, maasikapüree ja küpsisepuru
e) Vala segu ühtlaselt popsivormidesse. See on paks segu, nii et koputage seda vastu leti, et segu vormist allapoole liigutada. Lisage iga tassi keskele popsipulgad.
f) Asetage sügavkülma kuni täieliku külmumiseni, vähemalt 4 tundi.

63.Maasika- ja vanillikastekook

JUHISED:
KUUKOOGITAIGAS:
- 100 g tuhksuhkrut
- 60 g nisutärklist
- 100 g kleepuvat riisijahu
- 100 g riisijahu
- 460 g piima
- 60 g magustatud kondenspiima
- 60 g taimeõli

KRIIGI TÄIDIS:
- 100 g munakollast (5 keskmise suurusega munakollast)
- 40 g maisitärklist
- 115 g tuhksuhkrut
- 480 g täispiima
- 40 g Võid
- 1 tl vaniljekauna pasta
- 50g keedetud nisujahu tolmutamiseks

KOOSTAMINE:
- 16-18 Väikesed maasikad, vars eemaldatud ja mõõtu lõigatud

JUHISED:
KEEDETUD TOLMUJAHU KOHTA:
a) Valage pannile 50 g nisujahu ja segage madalal kuumusel 3–5 minutit, kuni moodustuvad tükid.
b) Tõsta keedetud jahu alusele jahtuma. Hoidke kõik ülejäägid õhukindlas mahutis.

KREIDEPIIDI TÄIDISEKS:
c) Kuumuta potis piim ja vanill. Vahusta eraldi kausis munakollased ja suhkur. Vala vahustades munakollastele soe piim. Keeda tasasel tulel 5-8 minutit, kuni see pakseneb. Jahuta täielikult.
d) Kühvelda jahtunud vanillikaste jäätiselusikaga, suru keskele kärbitud maasikas ja tõsta alusele. Hoia kokkupanemiseks valmis külmkapis.

LUMENAHALE:
e) Sega kõik lumenaha taigna koostisosad omavahel, lisades järk-järgult külma piima. Kata kaanega ja auruta 40-50 minutit.
f) Lõika tarretunud lumenahk tükkideks ja kraapige kaussi kuumalt ära ja jahtuge, et seda saaks käsitseda.
g) Masseerige tainast kinnaste kätega, et õli lisada. Mähi ja jahuta külmkapis.

KOOSTAMINE:
h) Jaga jahtunud tainas 16-18 tükiks. Rulli igaüks ühtlaseks palliks ja lapi peopesade vahel.
i) Pigistage väike tükk lumenahast tainast, tasandage ja suruge lamendatud taigna keskele.
j) Aseta vanillikastetäidis tipu poolega keskele, tõsta tainas täidise ümber, suru õmblused kokku ja rulli jahus.
k) Asetage kuukoogivormi, vajutage õrnalt ja vabastage. Korrake sama ülejäänud taigna ja täidiste puhul.

64.Šokolaadiga kaetud maasikapotid De Crème

JUHISED:
RÖSTITUD MAASIKATE KOHTA:
- 1 nael värskeid maasikaid, kooritud ja poolitatud
- 2 supilusikatäit granuleeritud suhkrut
- 1 spl palsamiäädikat (valikuline)

DE CRÈME ŠOKOLAADIPOTTIDE JAOKS
- 8 untsi poolmagusat või tumedat šokolaadi, peeneks hakitud
- 4 suurt munakollast
- ¼ tassi granuleeritud suhkrut
- 1 tl vaniljeekstrakti
- Näputäis soola
- 1 ½ tassi rasket koort
- ½ tassi täispiima

GARNISEERIMISEKS (VALIKULINE):
- Täiendavad värsked maasikad
- Vahukoor
- Šokolaadilaastud või riivitud šokolaad

JUHISED:
a) Kuumuta ahi temperatuurini 400 °F (200 °C). Vooderda ahjuplaat küpsetuspaberiga.

b) Viska segamisnõus poolitatud maasikad granuleeritud suhkru ja palsamiäädikaga (kui kasutad), kuni need on hästi kaetud. Laota maasikad ühe kihina ettevalmistatud ahjuplaadile.

c) Rösti maasikaid eelkuumutatud ahjus umbes 15-20 minutit või kuni need on pehmed ja vabastavad mahla. Eemaldage ahjust ja laske neil jahtuda.

d) Vahepeal valmista šokolaadipotid de crème. Pane peeneks hakitud šokolaad kuumakindlasse kaussi.

e) Vahusta eraldi kausis munakollased, granuleeritud suhkur, vaniljeekstrakt ja näpuotsatäis soola, kuni need on hästi segunenud.

f) Kuumuta potis koort ja täispiima keskmisel kuumusel, kuni see hakkab podisema. Eemaldage kuumusest vahetult enne keemist.

g) Vala kuum kooresegu aeglaselt tükeldatud šokolaadile, pidevalt segades, kuni šokolaad on sulanud ja segu ühtlane.

h) Kalla šokolaadisegu järk-järgult munakollastega kaussi, samal ajal pidevalt vahustades, et munad ei vajuks.
i) Kurna kokkupandud segu läbi peene sõela kannu või kannu, et eemaldada tükid.
j) Kuumuta ahi temperatuurini 325 ° F (160 ° C).
k) Asetage kuus 6-untsi ramekiini või vanillikaste tassi küpsetusnõusse. Jaga röstitud maasikad ramekiinide vahel.
l) Vala šokolaadisegu maasikatele, täites iga ramekoni peaaegu tipuni.
m) Tõsta küpsetusvorm koos ramekiinidega ettevaatlikult ahju. Täida küpsetusnõu kuuma veega, kuni see ulatub umbes pooleni ramekiinide külgedest, tekitades veevanni.
n) Küpseta kreemipotte veevannil umbes 30-35 minutit või kuni servad on paigal, kuid keskkohad on veel kergelt särisevad.
o) Eemaldage ramekiinid veevannist ja laske neil toatemperatuurini jahtuda. Seejärel katke iga ramekin kilega ja asetage külmkappi vähemalt 4 tunniks või üleöö, et jahtuda ja tarduda.
p) Enne serveerimist võid kaunistada iga pot de crème värskete maasikate, vahukoore ja šokolaaditükkide või riivitud šokolaadiga.
q) Nautige rikkalikku ja dekadentlikku šokolaadiga kaetud röstitud maasikapotte de crème'i meeldiva magustoiduna!

65. Maasika ja roosiõieline kook

JUHISED:
- 2 tassi universaalset jahu
- ¼ tassi granuleeritud suhkrut
- 1 spl küpsetuspulbrit
- ½ tl soola
- ½ tassi soolata võid, külm ja kuubikuteks lõigatud
- ¾ tassi petipiima
- 1 tl vaniljeekstrakti
- 2 tassi viilutatud maasikaid
- Värsked roosi kroonlehed (veenduge, et need oleksid kulinaarse kvaliteediga)
- Vahukoor, serveerimiseks

JUHISED:
a) Kuumuta ahi temperatuurini 425 °F (220 °C).
b) Vahusta suures kausis jahu, suhkur, küpsetuspulber ja sool.
c) Lisa kuivainetele külm tükeldatud või. Lõika või kondiitrilõikuri või sõrmede abil jahusegusse, kuni see meenutab jämedat puru.
d) Tee segu keskele süvend ning vala sinna petipiim ja vanilliekstrakt. Sega, kuni see on lihtsalt segunenud.
e) Tõsta tainas jahusel pinnale ja sõtku seda õrnalt paar korda, kuni see kokku tuleb.
f) Patsutage tainas 1-tollise paksusega ringiks ja lõigake küpsiselõikuri abil välja koogid.
g) Aseta koogid küpsetuspaberiga kaetud ahjuplaadile.
h) Küpseta 12-15 minutit või kuni kuldpruunini.
i) Eemaldage ahjust ja laske neil veidi jahtuda.
j) Lõika koogid horisontaalselt pooleks. Täida need viilutatud maasikatega ja puista maasikatele värskeid roosi kroonlehti. Tõsta peale vahukoor ja aseta peale teine pool kooki.
k) Serveeri ja naudi!

66.Maasikakoogi rull

JUHISED:
KLASTI KOHTA:
- 2 spl / 30 g soolamata võid, pehmendatud
- 2 ½ supilusikatäit / 30 g granuleeritud suhkrut
- ⅓ tassi / 40 g koogijahu, sõelutud
- 1 suur / 30 g munavalget
- Toiduvärv

TOOGILE:
- 3 suurt muna, eraldatud
- 6 spl / 75 g granuleeritud suhkrut, jagatud
- 1 spl taimeõli
- 1 ½ supilusikatäit / 23 g täispiima
- ½ tl mandli ekstrakti
- ½ tl koššersoola
- ⅔ tassi / 67 g koogijahu, sõelutud
- Toiduvärv

TÄITMISEKS:
- 1 tass / 240 g rasket vahukoort
- ¼ tl maitsestamata pulbristatud želatiini
- ½ untsi / 14 g külmkuivatatud maasikaid
- 3 supilusikatäit / 38 g granuleeritud suhkrut
- 1 spl / 8 g tuhksuhkrut

JUHISED:

a) Kuumuta ahi 350 kraadini F. Määri 15 x 10-tolline tarretisrulli pann, vooderda see küpsetuspaberiga ja külmuta kujunduse kinnitamiseks.
b) Valmistage kujunduspasta, segades või, suhkru, jahu ja munavalged. Jagage kaussidesse, lisage toiduvärv ja kandke pärgamendile. Külmutage.
c) Vahusta segamisnõus munakollased, suhkur, taimeõli, piim, mandli ekstrakt, sool ja toiduvärv. Voldi sisse sõelutud koogijahu.
d) Vahusta eraldi kausis munavalged suhkruga, kuni moodustuvad keskmised kõvad piigid. Voldi taignasse.
e) Vala tainas külmutatud kujundusele ja küpseta 10 minutit.
f) Pöörake soe kook tuhksuhkruga üle puistatud käterätikule, koorige pärgament ära ja keerake kook rulli. Lase tund aega jahtuda.
g) Täidise jaoks lahusta želatiin vees, pulseeri külmkuivatatud maasikad suhkruga ning vahusta koor tuhksuhkru ja maasikaseguga.
h) Rulli kook lahti, määri peale täidis ja rulli tagasi. Tõsta vähemalt 2 tunniks külmkappi.
i) Soovi korral kasutage rulli kuju säilitamiseks papptoru. Serveerimiseks lõika terava sakilise noaga viiludeks.

67. Key Lime Strawberry Cheesecake Bundt Cake

JUHISED:
JUUSTUSTOOGI TÄIDIS:
- 8 untsi toorjuustu
- ½ tassi granuleeritud suhkrut
- 1 muna
- 1 tl vaniljeekstrakti
- 2 tl universaalset jahu

KOOGIpõhi:
- 2 tassi universaalset jahu
- 1 tl küpsetuspulbrit
- ½ tl koššersoola
- 1 tass soolata võid
- 1 ⅔ tassi granuleeritud suhkrut
- 4 muna
- ½ supilusikatäit vaniljeekstrakti
- ⅔ tassi piima

LEEMI VÕIMEKOK:
- 1 laimi mahl
- 2 laimi koorega
- Roheline toiduvärv

MAASIKAKOOK:
- ½ tassi maasikaid, kooritud ja tükeldatud
- Roosa toiduvärv

MAASIKALAIMI GLAAZE:
- 4 untsi toorjuustu
- ½ tassi tuhksuhkrut, sõelutud
- 3 spl laimimahla
- ½ tl laimikoort
- 2 maasikat, kooritud ja tükeldatud

JUHISED:
JUUSTUSTOOGI TÄIDIS:
a) Vahusta elektrimikseri kausis toorjuust ja suhkur ühtlaseks seguks. Lisa muna, vanill ja jahu, kuni need on hästi segunenud. Kõrvale panema.

KOOGIpõhi:

b) Kuumuta ahi 325 kraadini F ja määri 10-tassi Heritage bundt pann küpsetuspihustiga.
c) Vahusta keskmises kausis jahu, küpsetuspulber ja sool. Kõrvale panema.
d) Sega koorevõi ja suhkur 4-5 minutit keskmisel-suurel kiirusel seismikseris, kuni see muutub kahvatuks ja kohevaks.
e) Sega munad ükshaaval, segades täielikult pärast iga lisamist. Lisa vanilje.
f) Kui mikser on madalal pööretel, lisa jahusegu vaheldumisi piimaga, segades kuni segu on segunenud.
g) Eraldage tainas 2 kaussi. Voldi ühte laimimahl, koor ja roheline toiduvärv ning teise sisse värsked maasikad ja roosa toiduvärv.
h) Valmistage ette 2 kondiitrikotti ja täitke igaüks ühe taignaga. Valage tainas värvide vaheldumisi panni voltidesse, jälgides, et see ei valguks teistesse voltidesse.
i) Kui voldid on täidetud, jätkake panni täitmist poolenisti.
j) Valage juustukoogi täidis taigna keskele, ärge laske sellel panni servi puudutada. Valage ülejäänud tainas vaheldumisi kihtidena ja soovi korral marmoreerige. Määri tainas ühtlaselt laiali.
k) Küpseta 55–60 minutit või kuni varras tuleb puhtana.
l) Võta ahjust välja ja tõsta pann 10-15 minutiks jahutusrestile. Lõdvendage kooki, koputades selle lahti saamiseks vastu letti, seejärel keerake kook jahutusrestile, et see täielikult jahtuda.

MAASIKALAIMI GLAAZE:
m) Sega väikeses kausis toorjuust ja tuhksuhkur. Kasutage kreemitamiseks mikserit, segades, kuni see on hästi segunenud.
n) Sega uhmris või klaasi põhja laimimahl, koor ja tükeldatud maasikad. Blenderda toorjuustusegu hulka, vajadusel lisa vedeldamiseks veel laimimahla.
o) Vala glasuur soojale koogile. Kaunista viilutatud maasikate ja laimikoorega.

68.Maasika koogikesi šifoonist koogikesi

JUHISED:

KOKKUKOGID:
- ⅞ tassi koogijahu
- 6 supilusikatäit granuleeritud suhkrut
- 1 tl küpsetuspulbrit
- ⅛ teelusikatäis soola
- 4 suurt munakollast
- ¼ tassi taimeõli
- ⅓ tassi vett
- ½ tl vaniljeekstrakti
- 3 suurt munavalget, toasoe
- 3/16 tl koort hambakivi
- ¼ tassi granuleeritud suhkrut

TÄITMINE:
- 2½ tassi hakitud maasikaid
- 2½ supilusikatäit granuleeritud suhkrut
- 1¼ supilusikatäit maisitärklist
- 1¼ supilusikatäit vett

TOPPING:
- 2 tassi koort, külm
- 1 tl vaniljeekstrakti
- 2 spl tuhksuhkrut

JUHISED:

KOKKUKOGID:
a) Kuumuta ahi temperatuurini 350 ° F. Vooderda koogivormid pabervooderdusega või pihusta küpsetuspritsiga. Kõrvale panema.
b) Sõelu jahu, 6 spl suhkrut, küpsetuspulber ja sool suurde kaussi. Kõrvale panema.
c) Vahusta väikeses kausis munakollased, õli, vesi ja vanill. Kõrvale panema.
d) Vahusta vispliga varustatud elektrimikseriga munavalged ja hambakivi vahuks. Vahustamist jätkates lisage ¼ tassi suhkrut. Vahusta tugevaks vahuks. Kõrvale panema.
e) Vala märjad ained kuivainete peale ja vahusta ühtlaseks massiks.
f) Voldi sisse besee.
g) Kasutage taigna ettevalmistatud vormidesse jagamiseks 3 supilusikatäit küpsisekulbikat.
h) Küpseta 18-20 minutit kuni helekuldpruunini. Tõsta kõrvale jahtuma.

TÄITMINE:
i) Sega kõik koostisosad keskmises kastrulis.
j) Kuumuta ja sega keskmisel-madalal kuumusel, kuni suhkur on lahustunud ja segu on paks, umbes 2-3 minutit.
k) Tõsta kõrvale jahtuma.

CHANTILLY KREEM:
l) Kombineerige kõik koostisosad keskmises kausis.
m) Vahusta elektrimikseriga, mis on varustatud vispliga, kuni keskmise jäikusega piigid.

KOOSTAMINE:
n) Core koogikesed.
o) Täida iga koogike 1 supilusikatäie täidisega.
p) Asenda koogikeste pealsed.
q) Toru või määri peale Chantilly kreem.

69.Maasika šifooni juustukoogi parfeed

JUHISED:
TÄIDISEKS:
- 1 ¼ teelusikatäit maitsestamata želatiini (pool pakki)
- ⅔ tassi ananassimahla
- 8 untsi pakk rasvavaba toorjuustu, pehmendatud toatemperatuurini VÕI 24 tundi kurnatud jogurt
- 42 grammi külmkuivatatud maasikaid (umbes 1 tass), jahvatatud pulbriks
- 4 supilusikatäit granuleeritud suhkrut
- 2 suurt muna, eraldatud
- ¼ teelusikatäit koššersoola

KOORIKU KOHTA:
- 20 Grahami kreekerit (5 lehte), töödeldud puruks
- 1 supilusikatäis pruuni suhkrut
- 1 supilusikatäis võid, sulatatud
- 2 näputäis koššersoola

JUHISED:
GRAHAMI KREEKERI KOORIKU KOHTA:
a) Sega kokku Grahami kreekeripuru, suhkur ja sulatatud või.
b) Segage hästi ja hoidke õhukindlas anumas.

TÄIDISEKS:
c) Töötle külmkuivatatud maasikaid köögikombainis või blenderis, kuni need muutuvad peeneks pulbriks. Kõrvale panema.
d) Vahusta pehme toorjuust kausis, mis on varustatud labamikseriga. Lisa maasikapulber ja klopi suurel kiirusel kreemjaks ja ühtlaseks.
e) Sega väikeses kastrulis želatiin ja ananassimahl. Tõsta umbes 5 minutiks õitsema.
f) Vahusta eraldi kausis munavalged, kuni moodustuvad tugevad piigid. Kõrvale panema.
g) Segage madalal kuumusel želatiinisegu, kuni see on täielikult lahustunud. Eemaldage kuumusest.
h) Vahusta teises kausis munakollased ja suhkur, kuni munakollased muutuvad kahvatukollaseks.
i) Munakollase tempereerimiseks lisa vahustades vähehaaval väikesed kogused sooja želatiinisegu, et vältida vahustamist.
j) Sega tempereeritud munakollasesegu kastrulisse ülejäänud želatiiniseguga. Keeda keskmisel-madalal kuumusel pidevalt segades, kuni segu veidi pakseneb (umbes 3-5 minutit).
k) Väikesel kiirusel lisage toorjuustusegule järk-järgult umbes ⅓ želatiinisegust. Korrake, kuni kogu želatiin on segunenud. Eemaldage kauss segistist.
l) Vahusta kõva munavalge õrnalt, kuni need on täielikult segunenud.

PARFAITIDE KOOSTAMINE:
m) Lusikaga igasse serveerimistassi umbes ½ tassi šifoonitäidist.
n) Korrake protsessi ülejäänud parfeede jaoks.
o) Jahutage, kuni see on tahke, umbes 1 kuni 1 ½ tundi.
p) Enne serveerimist puista peale 1 supilusikatäis Graham Cracker Crusti ja kaunista kuubikuteks lõigatud värskete maasikatega.
q) Nautige neid veetlevaid maasika šifooni juustukoogi parfeed, mis on suurepärane maius kevade vastuvõtmiseks!

70. Maasikad ja Cream Éclairs

JUHISED:
ÉCLAIRSi jaoks:
- 80 grammi (⅓ tassi) vett
- 80 grammi (⅓ tassi) täispiima
- 72 grammi (5 supilusikatäit) soolamata võid
- 3 grammi (¾ teelusikatäit) ülipeent suhkrut
- 2½ grammi (½ teelusikatäit) soola
- 90 grammi (¾ tassi) valge leivajahu
- 155 grammi (5 ½ untsi) lahtiklopitud muna (3 keskmist muna)

TÄITMISEKS:
- 300 milliliitrit (1 ¼ tassi) koort
- 1 spl ülipeent suhkrut
- 1 tl vanilli
- Tuhksuhkur, tolmuks
- 8 kuni 10 maasikat, viilutatud

JUHISED:

ÉCLAIRSI KOHTA:

a) Sega kastrulis keskmisel kuumusel vesi, piim, või, ülipeen suhkur ja sool. Kuumuta segu kergelt keema (umbes 1 minut).
b) Kui see keeb, lisa jahu ja sega pidevalt, kuni moodustub läikiv taignapall (umbes 2 minutit).
c) Tõsta tainas suurde kaussi ja lase 2 minutit jahtuda.
d) Lisa aeglaselt üks neljandik lahtiklopitud munasegust, sega puulusikaga homogeenseks massiks.
e) Jätkake muna lisamist aeglaselt, kuni tainas on langenud (kukkub lusikalt 3 sekundiga). Olge ettevaatlik, et segu ei muutuks liiga vedelaks.
f) Tõsta tainas prantsuse täheotsikuga varustatud torukotti. Tõsta kümme 5-tollist taignajoont silikoonmati või küpsetuspaberiga kaetud ahjuplaadile. Pane 20 minutiks sügavkülma.
g) Kuumuta ahi 205 kraadini C/400 kraadi F.
h) Vahetult enne ekleeride lisamist lisa ahju põhja 2 spl vett, et tekiks aur. Asetage ekleerid kohe ahju, alandage temperatuur 160 kraadini C/320 kraadi F ja küpsetage kuldpruuniks (30 kuni 35 minutit). Lase jahtuda.

TÄIDISEKS:

i) Vahusta koor, ülipeen suhkur ja vanill, kuni moodustuvad väga pehmed tipud.
j) Viige segu torukotti, mis on varustatud prantsuse täheotsiku või mõne muu dekoratiivse otsaga.

KOOSTAMINE:

k) Lõika jahtunud ekleerikoored pikuti pooleks, et moodustada ülemine ja alumine kestad.
l) Puista ülemised kestad kergelt tuhksuhkruga üle.
m) Alumisele koorele asetage viilutatud maasikad, seejärel vahukoort keerutades.
n) Aseta ülemised kestad kreemile, seejärel torka peale veel väikeste tükidena vahukoort ja kaunista veel värskete maasikatega.

71.Rabarberi roosi ja maasika pistaatsiagaletid

JUHISED:
PISTAATSIAPIRKAKOOR
- 1 tass külma soolata võid (2 pulka)
- 2 ½ tassi universaalset jahu
- 2 supilusikatäit granuleeritud suhkrut
- 2 tl soola
- ¼ tassi jääkülma viina
- 2-4 sl jääkülma vett
- ½ tassi peeneks hakitud pistaatsiapähkleid (soolamata)

RABARBERROOSID
- 3 vart rabarberit
- 1 ½ tassi suhkrut
- 1 ½ tassi vett
- 3-5 tilka roosiekstrakti

MAASIKATÄIDIS
- 1 pint värskeid maasikaid (viilutatud)
- 1 sidruni koor ja mahl
- ½ tassi suhkrut
- 1 spl tapiokitärklist

MUNAPESU
- 1 muna
- 2-3 spl vahusuhkrut (või toorsuhkrut)
- Küpsetusrežiim Vältige ekraani pimedaks minemist

JUHISED:
PISTAATSIAPIRKAKOOR

a) Puista pistaatsiapähklid köögikombainis umbes 1 spl jahuga, kuni need on peeneks hakitud. Tõsta kaussi ja tõsta kõrvale.
b) Lõika või ¼–½" kuubikuteks ja pane mõneks minutiks uuesti külmkappi või sügavkülma tahkuma.
c) Asetage jahu, suhkur ja sool kõrgete külgedega kaussi ja vahustage.
d) Kui sul on köögikombain, võid sellega pirukataigna segada.
e) Aseta jahusegu ja kuubikvõi köögikombaini. Pulseerige õrnalt, kuni jahu muutub siidisest jahuseks; selleks peaks kuluma vaid käputäis kaunvilju, nii et jälgige seda hoolikalt.
f) Pulseerides valage viin ettevaatlikult läbi toitetoru, kuni see on segunenud. Siinkohal meeldib mulle murenenud tainas suurde segamisnõusse keerata, et kontrollida taigna hüdratatsioonitaset, kogudes väikese rusikatäie; kui see koos püsib, on valmis. Kui see on kuiv või murenev, lisage aeglaselt ülejäänud vesi, 1 supilusikatäis korraga. Katsetage tainast aeg-ajalt näpistades.
g) Kui tainas hakkab kokku kleepuma, murdke tükeldatud pistaatsiapähklid, kuni need on täielikult segunenud.
h) Väiksemate 6-tolliste galettide jaoks vormige tainas neljaks kettaks või suuremate 10- tolliste galettide jaoks kaheks kettaks ja mähkige need ükshaaval kilesse.
i) Enne rullimist ja vormimist jahuta vähemalt 1 tund.

RABARBERROOSID

j) Viilutage rabarberivarred väikese koorimisnoaga ettevaatlikult pikisuunas õhukesteks, umbes ⅛ tolli paksusteks paeladeks.
k) Lisa vesi ja suhkur laiapõhjalisse potti ning lase keskmise-madala peaga podiseda. Vahusta, kuni suhkur on täielikult lahustunud. Seejärel segage paar tilka roosiekstrakti.
l) Lisa partiidena rabarberipaelad ja hauta keskmisel-madalal kuumusel umbes 45 sekundit, kuni need hakkavad muutuma pehmeks ja painduvaks, kuid enne kui need muutuvad kummiliseks. Tõsta paberrätikutega kaetud ahjuplaadile.
m) Kui paelad on jahtunud, võite hakata roose vormima. Alustuseks hoidke ühte otsa pöidla ja nimetissõrme vahel, seejärel keerake

tihedalt ümber nimetissõrme, kuni hakkab moodustuma roosikuju. Kui teil on jäänud umbes ½ tolli paela, tõmmake see õrnalt läbi keskele, et roos vormis hoida. Asetage roosid tagasi vooderdatud küpsetusplaadile. Korrake sama kõigi paeltega.

MAASIKATÄIDIS

n) Viiluta maasikad ¼"–½" ringideks ja asetage segamisnõusse.
o) Lisa ühe sidruni koor ja mahl, puista üle suhkruga ja viska katteks. Segage tapiokitärklis ja laske 15 minutit seista.

GALETTE FORMISTAMINE

p) Rulli väiksemad taignakettad 8-tollisteks ringideks või suuremad 12-14-tollisteks umbes ⅛-¼ tolli paksusteks ringideks.
q) Jaotage maasikad õrnalt ühtlaselt kondiitrivormide keskele, jättes väikeste galettide jaoks 2-tollise äärise või suuremate galettide jaoks 3- tollise äärise.
r) Tõstke ja keerake serv ettevaatlikult üles ja üle täidise, lastes tainal voltimise ajal 2-tolliste intervallidega loomulikult voltduda. Ringi tehes peaks see voltima umbes 8 korda.
s) Tõsta paljastunud maasikasegu peale rabarberirooside kimp.
t) Asetage galetid vooderdatud ahjuplaatidele, kahele väikesele galetile / leht või ühele suurele galette / leht.
u) Kuumuta ahi 375°-ni ja jahuta galette 10-15 minutit, kuni ahi eelsoojeneb.
v) Klopi munad väikeses kausis kokku. Pintselda segu kergelt taignale ja puista üle vahusuhkruga.
w) Küpseta 35-40 minutit, pannide pooleldi ümber pöörates. Koor peaks olema sügavkuldpruun ja viljad pehmed.
x) Enne serveerimist lase jahtuda. Puista peale paar tervet pistaatsiapähklit, et lisada värvi ja krõmpsuda. Serveerimiseks lõika viiludeks.
y) galetile väike plekist fooliumist telk ja kata esimesed 25 minutit puuviljase keskosa jaoks (jättes taigna serva paljaks). Küpsetamise viimaseks 10 minutiks eemaldage telgid.

72. Mint Maasikas Posset

JUHISED:

- 1 tass värskeid maasikaid
- 4 supilusikatäit granuleeritud suhkrut
- 1 tl peeneks hakitud piparmünt
- 3 supilusikatäit Guinness Stout
- 200 g topeltkoort

JUHISED:

a) Viiluta oma maasikad ja sega neid piparmündiga, kuni need on täielikult püreestatud. Pange see kõrvale.
b) Lisa kastrulis oma topeltkoor.
c) Topeltkoorele lisage granuleeritud suhkur ja kolm supilusikatäit Guinnessi.
d) Laske sellel umbes 4 minutit podiseda, seejärel lisage püreestatud maasikad.
e) Lisa piparmünt, et muuta maitse palju profileeritumaks ja maitsvamaks. Lase veel 2 minutit podiseda ja tõsta siis tulelt.
f) Valage see pokaali ja laske sellel umbes 2 tundi või kuni tahkumiseni sügavkülmikus taheneda.
g) Kui see on tahenenud, kaunista veel värskete maasikate ja paari värske piparmündilehega, et kõik kokku siduda ja serveerida.

73. Juustukoogitäidisega maasikakoogisegu küpsised

JUHISED:
TÄITMINE:
- 6 untsi toorjuustu, pehmendatud
- ½ tassi tuhksuhkrut
- ½ tl vaniljeekstrakti

KÜPSISED:
- 1 (15 untsi) pakk maasikakoogi segu
- ¼ tassi universaalset jahu, kühveldatud ja tasandatud (35 g)
- ½ tassi soolatud võid, sulatatud (1 pulk)
- 2 suurt muna
- ½ tassi tuhksuhkrut (rullimiseks)

JUHISED:
VALMISTA JUUSTUSTOOGI TÄIDIS:
a) Segage keskmises kausis saumikseriga toorjuust, tuhksuhkur ja vanill keskmisel madalal kuumusel kuni segunemiseni.
b) Tõsta küpsetuspaberiga vooderdatud ahjuplaadile või plaadile väikesed 2-3 tl-suurused toorjuustusegu künkad. Pane 15 minutiks sügavkülma.
c) Kuumuta ahi temperatuurini 350 °F.
d) Vooderda kaks ahjuplaati küpsetuspaberiga.

VALMISTAGE KÜPSISITAIGAS:
e) Segage suures kausis maasikakoogi segu, jahu, munad ja sulatatud või keskmisel madalal kuumusel, kuni segu on segunenud.
f) Tõsta tainas 5-10 minutiks külmkappi, et sellega oleks lihtsam töötada.

KÜPSISED KOKKUVÕTKE JA KUJUMINE:
g) Kasutage taigna portsjoniteks 2 supilusikatäit küpsiselussi.
h) Tehke iga taignapalli keskele kraater ja asetage keskele üks külmutatud toorjuustutäidise küngas.
i) Tõstke tainas täidise ümber ja rullige seda korraks käes, et see kinni hoida, tagades, et täidis küpsetamise ajal välja ei lekiks.
j) Veereta iga taignapall tuhksuhkru sees, et see oleks rikkalikult kaetud.

KÜPSETA:
k) Asetage kaetud taignapallid ettevalmistatud küpsetusplaatidele 2 tolli kaugusel, et küpsised leviksid.
l) Küpseta 9–11 minutit või seni, kuni küpsised tunduvad pealt pragunenud ja kuivad ning alt hakkavad just pruunistuma.
m) Jahuta küpsetusplaadil 5 minutit, seejärel tõsta jahutusrestile.
n) Kui kõiki küpsiseid samal päeval ei serveerita, hoidke neid suures kilekotis külmikus, pigistades enne sulgemist kogu õhk välja.

74. Godiva maasikatorte

JUHISED:
- 2 ümbrikut maitsestamata želatiini
- ½ tassi külma vett
- 3 munakollast
- ½ tassi suhkrut
- ¼ teelusikatäit soola
- ½ tassi piima, kõrvetatud
- 1 tl vaniljeekstrakti
- 10 untsi maasikaid, külmutatud, magustamata, püreestatud
- 2 tassi Godiva likööri (jagatuna)
- 1 tass rasket koort
- 1 9-tolline käsnkook
- 1 liitrit värskeid kooritud maasikaid
- Vahukoor (kaunistuseks)

JUHISED:
a) Alustuseks pehmendage želatiin külmas vees ja seejärel pange see kõrvale.
b) Keeda topeltkatlas munakollased, suhkur, sool ja kõrvetatud piim, kuni segu veidi pakseneb. Selle protsessi ajal segage pidevalt.
c) Eemaldage segu tulelt, lisage pehmendatud želatiin ja segage, kuni želatiin on täielikult lahustunud.
d) Lisage segule vaniljeekstrakt, maasikapüree ja 1½ tassi Godiva likööri. Jahutage, kuni see veidi pakseneb ja võib lusikale kuhjuda.
e) Vahusta rõõsk koor, kuni see moodustab tugevad piigid, ja sega seejärel õrnalt maasikasegule. Pange see segu kõrvale.
f) Tordi kokkupanemiseks asetage käsnkook võiga määritud 9-tollisse vedruvormi. Piserdage seda ½ tassi Godiva likööriga.
g) Kata kook tervete maasikatega, kooritud pool allpool.
h) Tõsta maasikad peale maasikavahusegu.
i) Enne serveerimist hoia tort mitu tundi külmkapis.
j) Kaunista Godiva Strawberry Torte vahukoore ja värskete maasikatega.
k) Nautige oma veetlevat Godiva maasikatorti!

75.Minimaasikapirukad lavendlikreemiga

JUHISED:
SIDRUNI-LAVENDLI KREEMI JAOKS:
- 16 untsi tavalist rasvavaba jogurtit
- 3 kuni 4 supilusikatäit suhkrut (maitse järgi)
- 2 tl sidrunikoort
- Mitu tilka apelsiniekstrakti või lillevett
- 1 tl kuivatatud lavendlit

Maasikapirukate PUHUL:
- 16 wontoni ümbrist (igaüks 3 tolli)
- Võimaitseline keedusprei
- 16 suurt küpset maasikat (umbes 2 tassi)
- 2 spl punase sõstra tarretist, sulatatud 1 spl veega
- 2 spl hakitud pistaatsia pähkleid

JUHISED:

SIDRUNI-LAVENDLI KREEMI JAOKS:

a) Tühjendage jogurt 6 tundi, et tekiks jogurti "juust". Viige jogurti juust suurde segamisnõusse.
b) Klopi juurde suhkur (alustage 3 spl ja kohandage maitse järgi), sidrunikoor, apelsiniekstrakt või lillevesi ning kuivatatud lavendel. Segage, kuni see on hästi segunenud. Kõrvale panema.

Maasikapirukate PUHUL:

c) Kuumuta ahi temperatuurini 400 kraadi F (200 °C).
d) Pihustage väikeseid (2-tollisi) vorme küpsetuspihustiga. Vooderdage vormid wontoni ümbristega, tagades, et need kataksid vormid täielikult.
e) Piserdage saiakestade sisekülge küpsetusspreiga ja küpsetage neid eelkuumutatud ahjus, kuni need muutuvad krõbedaks ja kuldpruuniks, umbes 6–8 minutit. Võta vormidest välja ja jahuta restil.
f) Valmistage maasikad ette, lõigates igast marjast mitu paralleelset viilu (umbes ⅛-tollise vahega), alustades teravast otsast ja viilutades marja pooleldi. Lehvitage iga maasikas õrnalt sõrmedega välja. Saate seda sammu ette teha.
g) Serveerimiseks pane igasse tartleti kesta 2 supilusikatäit sidruni-lavendlikreemi.
h) Tõsta iga tartlett lehvikuga maasikaga ja pintselda maasikat sulatatud punase sõstra tarretisega.
i) Puista iga tartleti peale hakitud pistaatsiapähklid.
j) Serveeri näksimissuurused maasikapirukad kohe sidruni-lavendlikreemiga ja naudi!
k) Need veetlevad minipirukad on magus ja vürtsikas maiuspala lillelise lavendli ja tsitruselise sidruni puudutusega.

76.Maasikapeegliga klaasitud Bavarois

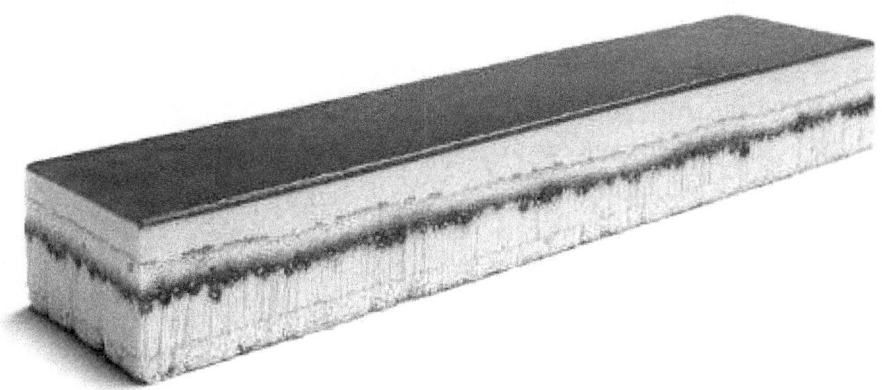

JUHISED:

MANDEL FONDANTILE:
- 80 g tuhksuhkrut
- 2 muna
- 80 g mandlipulbrit
- 50 g sulatatud võid
- Natuke rummi

BAIERI VAARIKALE:
- 300 g vaarikaid
- 6 g lehtželatiini
- 200ml väga külma täiskreemi
- 80 g tuhksuhkrut
- 1 spl tuhksuhkrut

MAASIKAPEEGLI JAOKS:
- 130 g maasikaid
- 90 g tuhksuhkrut
- 3½ g želatiinilehti

SEADMED:
- 20–22 cm läbimõõduga magustoiduring (kõrgus 4½ cm)
- Segamisnõu
- Pan

JUHISED:
MANDEL FONDANT:
a) Sega segamiskausis või köögikombainis kokku terved munad ja suhkur.
b) Lisa segule mandlipulber, sulavõi ja näputäis rummi.
c) Vala see segu magustoiduringi ja küpseta 180°C juures (termostaat 6) 20 minutit.
d) Laske fondandil vormis jahtuda, seejärel eemaldage see õrnalt noaga vormist.
e) Asetage mandli fondant serveerimisnõule ja asetage magustoidu ring ümber, vähendades veidi läbimõõtu, et vältida Baieri kreemi lekkimist.

BAIERI VAARIKA:
f) Sulata vaarikad ja blenderda. Aja püree seemnete eemaldamiseks läbi sõela.
g) Leota želatiin külmas vees.
h) Kuumuta vaarikapüree potis koos suhkruga. Lisa hästi nõrutatud želatiin ja sega kuni sulamiseni. Lase jahtuda.
i) Vahusta kogu koor, kuni moodustuvad tugevad tipud. Lisa tuhksuhkur ja vahusta uuesti.
j) Voldi jahtunud vaarikapüree spaatli abil õrnalt vahukoore hulka.
k) Määri see segu magustoiduringis mandli fondandile.
l) Tõsta vähemalt 2 tunniks külmkappi.

MAASIKAPEGEL:
m) 2 tunni pärast valmistage maasikapeegel ette. Pehmenda želatiin külmas vees.
n) Blenderda maasikad ja kurna segu läbi sõela.
o) Sega potis maasikapulber ja suhkur ning kuumuta õrnalt.
p) Eemaldage kuumusest ja lisage nõrutatud želatiin, segades kuni täieliku lahustumiseni. Lase jahtuda.
q) Jaotage maasikapeegel ühtlaselt vaarika bavarois'le.
r) Parimate tulemuste saamiseks hoidke külmkapis vähemalt 2 tundi või üleöö.

77.Maasika-pistaatsia Mille-Feuillantines

JUHISED:
VAHVLID
- ½ tassi kooritud looduslikud pistaatsiapähklid
- ¼ tassi universaalset jahu
- ½ tassi granuleeritud suhkrut
- ¼ teelusikatäit soola
- 2 suurt munavalget
- 5 spl soolata võid, sulatatud
- ¼ teelusikatäit vanilli

VAHUKOOR
- 1 vaniljekaun, lõigatud pikuti
- 1 tass jahutatud rasket koort
- 3 supilusikatäit granuleeritud suhkrut

SERVEERIMA
- 1 nael Väikesed maasikad
- Tolmutamiseks mõeldud kondiitri suhkur
- 4 väikest maasikat ja hakitud pistaatsiapähklid

JUHISED:
TEE VAHVELID:
a) Kuumuta ahi temperatuurini 325 ° F ja pihustage raske või mittenakkuva küpsetusplaat küpsetuspritsiga või vooderdage see pärgamentpaberiga.
b) Hõõru pistaatsiapähklitelt lahtised koored maha ja jahvata köögikombainis pähklid granuleeritud suhkruga.
c) Vahusta kausis pistaatsiapähklite segu, jahu ja sool ning vahusta valged, või ja vanill, kuni need on hästi segunenud.
d) Tõsta ümarad teelusikatäit tainast 5 tolli vahedega küpsetusplaadile ja lusika seljaosaga 3½–4-tollisteks ringideks.
e) Küpsetage vahvlid ahju keskosas Kiiresti töötades tõsta kuumad vahvlid õhukese metalllabidaga restile, et need täielikult jahtuda.
f) Valmistage ülejäänud taignast samal viisil rohkem vahvleid, pihustades või vooderdades iga partii lehte uuesti.

VALMISTA VAHUKOOR
g) Kraapige jahutatud kaussi vaniljekauna seemned ning lisage koor ja granuleeritud suhkur.
h) Vahusta segu vispli või elektrimikseriga, kuni see hoiab tugevaid piike.

KOOSTAMA
i) Asetage vahvel iga nelja plaadi keskele.
j) Määri igale vahvlile umbes 2 supilusikatäit vahukoort, jättes ¼-tollise äärise, ja tõsta peale pooled maasikatest.
k) Pane teine vahvel maasikate peale ja kata samamoodi ülejäänud koore ja maasikatega.
l) Puista 4 vahvlit kondiitri suhkruga ja pane magustoitude peale.
m) Kaunista iga millefeuillantine maasikaga ja puista taldrikutele pistaatsiapähklid.

78.Joodav maasika pisiasi

JUHISED:
- 1 tass külma täispiima
- 1 tass hapukoort
- 3,4 untsi pakk lahustuvat vaniljepudingi segu
- 1 tl riivitud apelsinikoort
- 2 tassi rasket vahukoort
- 8 tassi kuubikuteks lõigatud inglitoidukooki
- 4 tassi viilutatud värskeid maasikaid
- ½ tassi Grand Marnier, pluss 2 supilusikatäit

JUHISED:
a) Leota oma kuubikuteks lõigatud Angel Food Cake'i üleöö ½ tassi Grand Marnieris sügavkülmas.
b) Alustuseks vahusta värske vahukoor ja tõsta kõrvale. Vahusta suures kausis piim, hapukoor, 2 spl likööri, pudingisegu ja apelsinikoor madalal kiirusel kuni paksenemiseni. Voldi vahukoore hulka.
c) Pisiasjakausi korrastamiseks: lisa ⅓ koogist põhjale. Lisa külgedele ja peale maasikad. Seejärel lisage sellele pudingi segu. Korda.
d) Enne serveerimist hoia 2 tundi külmkapis. Hoia portsjonite vahel külmas.

79.Maasika-rabarberi kingipuit

JUHISED:

- 3 tassi maasikaid, viilutatud neljandikku
- 2 tassi rabarberit, viilutatud 1-tollisteks plokkideks
- 2 spl maisitärklist
- 1-2 spl pruuni suhkrut
- 1 tl vaniljeekstrakti
- 1 laimi mahl ja koor
- 1 kingsepa tainas

JUHISED:

a) Lisage segamisnõusse kõik koostisosad (välja arvatud tainas) ja segage õrnalt, et puuviljad oleksid maisitärklisega ühtlaselt kaetud ja suhkur jaotuks ühtlaselt.
b) Aseta õliga määritud malmpannile või muule kõrge kuumusega ahjuvormi.
c) Jaotage munakivi tainas ühtlaselt üle ja küpsetage oma puuahjus.
d) Küpseta 350 kraadi juures 35-40 minutit või kuni puuviljamahlad keevad ja munakoor on kuldpruun.

80. Rabarberi- ja maasikakrõps

JUHISED:
- ¾ tassi suhkrut
- 3 supilusikatäit maisitärklist
- 3 tassi viilutatud värsket rabarberit või külmutatud rabarberit, sulatatud
- 2 tassi viilutatud kooritud õunu või viilutatud
- maasikad
- 1 tass kiirelt valmivat või vanaaegset kaera
- ½ tassi pakitud pruuni suhkrut
- ½ tassi võid, sulatatud
- ⅓ tassi universaalset jahu
- 1 tl jahvatatud kaneeli
- Vaniljejäätis, valikuline

JUHISED:
a) Sega suures kausis suhkur ja maisitärklis. Lisa rabarber ja õunad või maasikad; viska mantlile. Lusikaga 8-tollisse. malmpann või muu ahjukindel pann.
b) Sega väikeses kausis kaer, fariinsuhkur, või, jahu ja kaneel, kuni segu meenutab jämedat puru. Puista puuviljadele.
c) Küpseta 350° juures, kuni see on krõbe ja mullitav ning puuviljad on pehmed, umbes 45 minutit. Soovi korral serveeri soojalt koos jäätisega.

81. Maasika Biscoffi dessertpitsa

JUHISED:
PITSATAIGNA JAOKS:
- 1 ½ tassi universaalset jahu
- 2 supilusikatäit granuleeritud suhkrut
- ½ tl soola
- 1 tl aktiivset kuivpärmi
- ⅔ tassi sooja vett
- 2 spl oliiviõli

KATTEKS:
- ½ tassi Biscoffi määret (või Speculoose määret)
- 1 tass viilutatud maasikaid
- 2 spl tuhksuhkrut, puistamiseks
- Viilutatud banaanid, marjad (valikuline)

JUHISED:
a) Vahusta suures segamiskausis jahu, suhkur, sool ja pärm. Lisa soe vesi ja oliiviõli. Sega, kuni tainas kokku tuleb.
b) Tõsta tainas kergelt jahusele pinnale ja sõtku seda umbes 5 minutit, kuni see muutub siledaks ja elastseks.
c) Vormi tainas palliks.
d) Aseta tainapall tagasi segamisnõusse ja kata puhta köögirätikuga. Lase soojas kohas kerkida umbes 1 tund või kuni see kahekordistub.
e) Kuumuta ahi temperatuurini 425 °F (220 °C). Vooderda ahjuplaat küpsetuspaberiga.
f) Kui tainas on kerkinud, tõsta see ettevalmistatud küpsetusplaadile. Venitage ja vormige tainas oma kätega ümmarguseks või ristkülikukujuliseks pitsakujuliseks.
g) Jaotage Biscoffi määrimine ühtlaselt pitsatainale, jättes servade ümber väikese äärise.
h) Biscoffi määrde peale .
i) Aseta pitsa eelsoojendatud ahju ja küpseta umbes 12-15 minutit või kuni koorik on kuldpruun.
j) Tõsta magustoidupitsa ahjust välja ja lase veidi jahtuda.
k) Puista pealt tuhksuhkruga.
l) Soovi korral tõsta peale banaane ja marju.
m) Viiluta Strawberry Biscoffi dessertpitsa viiludeks või ruutudeks ja serveeri soojalt või toatemperatuuril.

82.Maasika makaron

JUHISED:
MAASIKAMAKARONIKESTID
- 100 grammi munavalget
- 100 grammi valget granuleeritud suhkrut
- 105 grammi mandlijahu
- 100 grammi tuhksuhkrut
- 5 grammi külmkuivatatud maasikapulbrit
- Üks tilk fuksia toiduvärvi

MAASIKAVÕIKREEM
- 4 spl soolata võid, pehmendatud (56 grammi)
- 1 1/2 tassi kondiitri suhkrut, sõelutud (187,5 grammi)
- 1/3 tassi külmkuivatatud maasikapulbrit (umbes 30 grammi)
- 2 kuni 4 spl piima või vett vastavalt vajadusele

KAUNISTAMA
- 56 grammi valget šokolaadi
- 5 grammi pulbristatud külmkuivatatud maasikaid

JUHISED:
MAASIKAMAKARONIKESTID
a) Valmistage ette suur torustiku kott, mis on varustatud suure ümmarguse otsaga (umbes 1/4" läbimõõduga). Pange see kõrvale.
b) Vooderda kaks ahjuplaati küpsetuspaberi või silikoonmattidega.
c) Sõelu kokku tuhksuhkur, mandlijahu ja külmkuivatatud maasikapulber. Kõrvale panema.
d) Segage kuumakindlas kausis, mis asetatakse vaevu keeva veega panni kohale (kahe katla seadistus), segage suhkur ja munavalged. Vahusta segu, kuni suhkur on täielikult sulanud ja segu vahutav. Selleks peaks kuluma mõni minut.
e) Tõsta suhkru ja munavalge segu seismikseri kaussi ja vahusta madalal kiirusel umbes 30 sekundit, seejärel tõsta kiirust järk-järgult keskmisele. Vahusta 1-2 minutit, kuni segu muutub valgeks ja kohevaks. Jätka vahustamist suurel või keskmisel kiirusel, kuni tekivad jäigad tipud.
f) Lisa kõvale beseele sõelutud tuhksuhkur, mandlijahu ja külmkuivatatud maasikapulber. Soovi korral lisa ka tilk fuksia toiduvärvi.

g) Sega kuivained õrnalt besee sisse, et moodustuks läikiv ja voolav tainas. Olge ettevaatlik, et mitte üle segada.
h) Viige tainas ettevalmistatud torukotti.
i) Tõsta tainas ringidena küpsetusplaatidele, kasutades võimalusel macaroni malle. Õhumullide eemaldamiseks koputage aluseid paar korda vastu leti ja laske kestadel seista umbes 20–40 minutit, kuni need moodustavad kuiva pinna.
j) Kuumuta ahi temperatuurini 325ºF (165ºC).
k) Küpsetage üks plaat makaronikarpe korraga umbes 15–20 minutit, kuni need omandavad sügavama värvi ja jalad. Vältige kestade liigutamist, kuni need on täielikult küpsenud ja ei tundu värisevad.
l) Eemaldage kestad ahjust ja laske neil enne täidisega jätkamist täielikult jahtuda.

MAASIKAVÕIKREEM

m) Vahusta pehme või elektrimikseri kausis keskmisel kiirusel umbes 1 minut.
n) Lülitage mikser välja ja lisage kogu sõelutud tuhksuhkur ja külmkuivatatud maasikapulber.
o) Vahusta koostisained madalal kiirusel kuni segunemiseni, seejärel suurenda kiirust keskmisele ja kreemita 1-2 minutit, kuni võikreem on kohev.
p) Kui võikreem tundub kuiv või jäik, lisage 2 spl piima või vett ja segage, kuni see saavutab ühtlase ja kreemja konsistentsi. Vajadusel kohandage veel tuhksuhkruga.

KAUNISTAMA

q) Sulatage valge šokolaad mikrolaineahjus ja asetage see torukotti. Lõika koti ots kääridega ära.
r) Nirista pooltele makaronikarpidele sulatatud valget šokolaadi ja puista peale kaunistuseks pulbristatud külmkuivatatud maasikaid.
s) Nirista iga makaroni alumisele koorele väike kogus maasikavõikreemi ja aseta seejärel kaunistatud koorega peale.

83. Maasika šampanja sorbett

JUHISED:
- 4 tassi värskeid maasikaid, pestud ja kooritud
- 1 ½ tassi šampanjat või proseccot
- ⅓ tassi granuleeritud suhkrut

JUHISED:
a) Lisa kõik koostisosad blenderisse ja blenderda ühtlaseks massiks.
b) Tõsta segu jäätisemasinasse ja klopi vastavalt tootja juhistele.
c) Sööge kohe või viige sügavkülmakindlasse anumasse, et see tahkuks.

84. Ferrero Rocher Strawberry Charlotte

JUHISED:
- 24 ladyfingeri küpsist
- 1 tass rasket koort
- ¼ tassi tuhksuhkrut
- 1 tl vaniljeekstrakti
- 8 untsi toorjuustu, pehmendatud
- ½ tassi šokolaadi sarapuupähklimääret (nagu Nutella)
- 1 tass kuubikuteks lõigatud maasikaid
- 12 Ferrero Rocheri šokolaadi, tükeldatud
- Šokolaadilaastud, kaunistuseks
- Värsked maasikad, kaunistuseks

JUHISED:
a) vedruvormiga panni küljed ladyfingeri küpsistega, asetades need vertikaalselt ja kõrvuti. Jätke sile pool väljapoole.
b) Vahusta kausis koor, tuhksuhkur ja vaniljeekstrakt, kuni moodustuvad pehmed piigid. Kõrvale panema.
c) Vahusta teises segamiskausis toorjuust ühtlaseks ja kreemjaks vahuks.
d) Lisa šokolaadi-sarapuupähklimääre toorjuustule ja klopi ühtlaseks.
e) Sega vahukoor õrnalt toorjuustusegu hulka, kuni see on täielikult segunenud.
f) Sega hulka kuubikuteks lõigatud maasikad ja tükeldatud Ferrero Rocheri šokolaadid.
g) Vala segu ettevalmistatud vedruvormi, ajades ühtlaselt laiali.
h) Asetage Charlotte külmkappi ja laske sellel jahtuda vähemalt 4 tundi või kuni see on hangunud.
i) vedruvormi küljed.
j) Kaunista Charlotte'i pealmine osa šokolaadilaastude ja värskete maasikatega.
k) Viilutage ja serveerige Ferrero Rocheri maasika- ja šokolaadi-Charlotte ning nautige kreemja täidise, maasikate ja Ferrero Rocheri šokolaadi rikkalike maitsete meeldivat kombinatsiooni!

85.Hibiscus Strawberry Margarita Float

JUHISED:
HIBISKUSE MAASIKASIIRUP
- 2 tassi vett
- ¾ tassi suhkrut
- 1 nael viilutatud maasikaid
- 1 unts kuivatatud hibiskiõied või võrdne kaal hibiski teekottides

MARGARITA JÄÄTISE UJUJ
- 1 amps Hibiski maasikasiirupit
- 1 ½ ampsu hõbetequilat
- 1–2 lusikatäit soolatud laimi šerbetti
- Sidrunilaimi sooda peal

JUHISED:
HIBISKUSE MAASIKASIIRUP
a) Keeda vesi, suhkur ja hibisk. Pärast keemiseni keetke veel 15 minutit, et see pakseneks. Äravool.
b) Aja hibiskivedelik uuesti keema ja lisa maasikaviilud. Hauta madalal kuumusel 5–10 minutit, kuni maasikad on pehmenenud ja siirup paksenenud. Lase täielikult jahtuda. Kurna vedelik läbi peene sõela ja suru õrnalt maasikatele alla, et kogu vedelik välja tuleks.
c) Viige see pudelisse. Lase üleöö külmikus seista.

MARGARITA JÄÄTISE UJUJ
d) Valage Hibiscus maasikasiirup ja tequila kõrgesse jäätisekoorega klaasi.
e) Lisa lusikatäis laimišerbetti.
f) Peale sidruni-laimi soodat ja puista soola.
g) Valikuline – koori ujukile peale laimikoor.
h) Serveeri kohe. Enne joomist segage!

MAITSED

86. Maasikamoos

JUHISED:
- 1 nael värskeid maasikaid, kooritud ja poolitatud
- 1 ½ tassi granuleeritud suhkrut
- 2 spl värsket sidrunimahla

JUHISED:
a) Sega suures potis maasikad ja suhkur. Laske neil leotamiseks umbes tund aega seista.
b) Küpseta maasikasegu keskmisel kuumusel, sageli segades, kuni see saavutab kommitermomeetril 220 °F (105 °C) umbes 20–25 minutit.
c) Eemaldage tulelt ja segage sidrunimahlaga.
d) Tõsta moos steriliseeritud purkidesse ja sule.

87. Maasika lavendli moos

JUHISED:
- 1 kilo maasikaid
- 1 nael suhkrut
- 24 lavendli vart (jagatud)
- 2 sidrunit, mahl

JUHISED:
a) Alustage maasikate pesemisest, kuivatamisest ja koorimisest.
b) Laota maasikad suurde kaussi suhkru ja 12 lavendlivarrega. Asetage see segu üleöö jahedasse kohta, et maitsed sulaksid.
c) Järgmisel päeval eemaldage ja visake ära üleöö infundeerimiseks kasutatud lavendlivarred. Asetage marjasegu suurde mittealumiiniumist kastrulisse.
d) Siduge ülejäänud 12 lavendlivart kokku ja lisage need marjadele koos sidrunimahlaga.
e) Keeda segu keskmisel kuumusel kuni keemiseni, seejärel jätkake küpsetamist 20–25 minutit, aeg-ajalt segades. Eemaldage kindlasti pealt tekkiv vaht.
f) Kui moos on paksenenud ja saavutanud soovitud konsistentsi, eemaldage ja visake lavendlivarred ära.
g) Valage maasika lavendlimoosi ettevaatlikult steriliseeritud purkidesse ja sulgege need.

88.Maasikaglasuur

JUHISED:
- 1 tass värskeid maasikaid, kooritud ja tükeldatud
- 1 tass tuhksuhkrut
- 1 spl sidrunimahla

JUHISED:
a) Püreesta maasikad blenderis või köögikombainis ühtlaseks massiks.
b) Keskmises kausis vahustage tuhksuhkur ja sidrunimahl.
c) Lisage maasikapüree tuhksuhkru segule ja vahustage, kuni see on hästi segunenud.
d) Valage glasuur oma magustoidule ja laske sellel enne serveerimist taheneda.

89. Rabarberi-, roosi- ja maasikamoos

JUHISED:
- 2 naela rabarberit
- 1 kilo maasikaid
- ½ naela tugevalt lõhnavaid roosi kroonlehti
- 1½ naela suhkrut
- Kõrvale jäeti 4 mahlast sidrunit koos seemnetega

JUHISED:
a) Viiluta rabarber ja kihiti kaussi koos tervete kooritud maasikate ja suhkruga. Vala peale sidrunimahl, kata kaanega ja jäta üleöö seisma.
b) Valage kausi sisu mittereaktiivsele pannile. Lisa musliinikotti seotud sidruniseemned ja kuumuta õrnalt keemiseni. Keeda 2 minutit, seejärel vala panni sisu tagasi kaussi. Kata ja jäta veel kord üleöö jahedasse seisma.
c) Pane rabarberi-maasikasegu tagasi pannile.
d) Eemaldage roosi kroonlehtede põhjalt valged tipud ja lisage kroonlehed pannile, surudes need hästi puuviljade vahele.
e) Kuumuta keemiseni ja keeda kiiresti, kuni saavutatakse tardumistemperatuur, seejärel vala soojadesse steriliseeritud purkidesse.
f) Tihendage ja töödelge.

JOOGID

90.Skittles maasika piimakokteil

JUHISED:
PIIMAKOOK:
- 4 tassi vaniljejäätist
- 12 Strawberry Skittles Freeze Pops, külmutatud
- 1 ½ tassi maasikaid, poolitatud ja neljaks lõigatud

TEENINDAMINE:
- ¼ tassi Strawberry Skittles
- 9 untsi valge šokolaadi mandlikoor, sulatatud
- 1 tass vahukoort
- 1 tass maasikaid

JUHISED:
a) Väikeses või keskmises kausis sulatage mikrolaineahjus 9 untsi valget šokolaadi mandlikoort, segades 15-30-sekundiliste intervallidega ühtlaseks massiks. Lase jahtuda veidi sulanud maapähklivõi konsistentsini.
b) Kastke oma piimakokteili klaasi äär jahtunud valgesse šokolaadi, tagades ühtlase sukeldumise. Kallutage klaasi 45-kraadise nurga all ja pöörake aeglaselt, et šokolaad saaks ilma tilkumata ümber serva joosta. Asetage maasikakeed ümber serva ja jahutage tahenema.
c) Viiluta ja veerandi 1,5 tassi värskeid maasikaid, jättes need kõrvale.
d) Purusta 12 külmutatud Strawberry Skittles Freeze Popsi keskmise suurusega kausis. Piimakokteilis liigse vedeliku vältimiseks kasutage ainult külmutatud külmutuspakendeid.
e) Sega segistis 2 tassi omatehtud vaniljejäätist ja purustatud Skittlesi külmutusjäätiseid. Blenderda, kuni piimakokteil on ühtlaselt roosat värvi. Paksuse säilitamiseks vältige liigset segamist.
f) Lisa blenderisse tükeldatud ja neljaks lõigatud maasikad, mikserda kuni saavutad soovitud piimakokteili konsistentsi.
g) Valage piimakokteil šokolaadiga kaetud Skittlesi servaga ettevalmistatud klaasi.
h) Täiusliku esitluse saavutamiseks lisage piimakokteil värske vahukoore ja maasikaga.
i) Sisesta kõrs ja "maitse vikerkaart!"

91. Maasika Açaí Rosé Spritzer

JUHISED:
- 1 tass maasikaid
- ½ sidruni, mahla
- 8 untsi Rosé
- 6 untsi energiajook
- Kaunistuseks: maasikad, sidruniviilud, piparmündilehed

JUHISED:
a) Püreesta blenderis maasikad ja sidrunimahl ühtlaseks massiks.
b) Iga pritsi jaoks lisa klaasi 3 sl maasikapüreed ja rosé'd.
c) Lisa jääkuubikud ja vala peale energiajook. Sega uuesti.
d) Kaunista maasika, sidruniviilude ja värske piparmündiga...ning naudi!

92.Maasikas Lassi

JUHISED:

- ¼ tassi madala rasvasisaldusega piima
- 1 tass madala rasvasisaldusega tavalist jogurtit
- 2 supilusikatäit valget suhkrut või magusainet
- 3 jääkuubikut
- 9 maasikat (loputatud ja kooritud)

JUHISED:

a) Lõika 3 maasikat väikesteks tükkideks ja tõsta ühele poole
b) Pane magusaine ja ülejäänud maasikad blenderisse ning töötle umbes 30 sekundit
c) Vala piim ja blenderda veel 30 sekundit
d) Pane jogurtisse ja blenderda veel minut
e) Asetage üks jääkuubik igasse kolme kõrgesse klaasi
f) Kalla segatud segu jääkuubiku peale ja lao peale maasikatükid
g) Serveeri koheselt.

93.Kokteil maasikad ja vahukommi

JUHISED:
- 8 valget vahukommi
- 4 vaarikat
- 1L maasikajäätist
- ½ tassi koorelikööri, jahutatud
- ⅓ tassi viina, jahutatud
- 125g vaarikaid, ekstra
- 1 tl vaniljekauna pasta

JUHISED:

a) Kuumuta grill keskmisele tasemele. Vooderda küpsetusplaat fooliumiga. Keerake vahukommid ja vaarikad väikestele bambusvarrastele. Kata varraste paljastunud otsad fooliumiga. Asetage vooderdatud alusele.

b) Küpseta grilli all 1-2 minutit või kuni vahukommid on kergelt röstitud.

c) Aseta jäätis, liköör, viin, ekstra vaarikad ja vanill blenderisse ning blenderda ühtlaseks ja kreemjaks. Vala ühtlaselt serveerimisklaaside vahele.

d) Tõsta peale vahukommivardad ja serveeri kohe.

94.Maasika-banaani sarapuupähkli smuuti

JUHISED:
- 6-7 maasikat
- ½ banaani
- 1 tass piima
- 1 ½ tassi šokolaadijäätist
- 9-10 sarapuupähklit
- 1 šokolaadipulk
- 1 brownie

JUHISED:
a) Sega segistis piim, maasikad, banaan ja šokolaadijäätis. Blenderda kuni saavutad ühtlase segu.
b) Vala smuuti klaasi ja lisamaitse saamiseks kaunista šokolaadiga. Lisage brownie ja šokolaadipulk, et muuta see veelgi meeldivamaks.
c) Serveeri smuutit jahutatult ja naudi headust!

95.Maasika limonaadi spritzer

JUHISED:
- 1 tass värskeid maasikaid, kooritud ja viilutatud
- ½ tassi värsket sidrunimahla
- ¼ tassi granuleeritud suhkrut
- 2 tassi mullivett
- Jääkuubikud
- Kaunistuseks värsked piparmündilehed

JUHISED:
a) Sega segistis maasikad, sidrunimahl ja suhkur. Blenderda ühtlaseks.
b) Kurna segu läbi peene sõela, et eemaldada seemned.
c) Täida klaasid jääkuubikutega ja vala jääle maasika-sidruni segu.
d) Täida iga klaas mulliveega ja sega ettevaatlikult.
e) Kaunista värskete piparmündilehtedega ja serveeri.

96.Maasika- ja pistaatsia smuuti

JUHISED:
- 3 tassi külmutatud maasikaid
- 1 tass kooritud, röstitud pistaatsiapähklid
- 1 tass magustamata vanilje mandlipiima
- 1 ½ supilusikatäit puhast vahtrasiirupit
- 1 tass vett

JUHISED:
a) Asetage pistaatsiapähklid kaussi ja katke need täielikult veega. Leota vähemalt 3 tundi või võimalusel üle öö.
b) Tühjendage vesi ja loputage pistaatsiapähklid põhjalikult. Pange need blenderisse.
c) Püreesta ülejäänud koostisosad blenderis ühtlaseks ja kreemjaks püreeks. Serveeri ja naudi!

97.Dalgona maasikapiim

JUHISED:
- 2 spl külmkuivatatud maasikapulbrit
- 2 spl suhkrut
- 2 spl kuuma vett
- Piim (mis tahes tüüpi)

JUHISED:
a) Vispelda kausis külmkuivatatud maasikapulber, suhkur ja kuum vesi paksuks ja vahuseks.
b) Täida klaas piimaga.
c) Tõsta lusikaga vahustatud Dalgona segu piima peale.
d) Enne nautimist sega läbi.

98.Sädelev maasika-mimoos

JUHISED:
- 2 untsi apelsinimahla
- 2 untsi maasikaid
- ½ untsi maasikasiirupit 4 untsi šampanjat

JUHISED:
a) Sega apelsinimahl, maasikad ja maasikasiirup segistis ühtlaseks massiks.
b) Vala kokteiliklaasi.
c) Pealt šampanjaga.
d) Kaunista maasika ja apelsiniviiluga.

99. Hommikusöögi marja-banaani piimakokteil

JUHISED:

- 2 küpset banaani, viilutatud 1-tollisteks tükkideks
- ¼ tassi mustikaid
- 5–10 tervet maasikat, neljaks lõigatud ja kooritud
- ½ tassi piima

JUHISED:

a) Kombineeri puuviljad plastikust sügavkülmakotti; sule ja pane ööseks 3 tunniks sügavkülma.
b) Pane külmutatud puuviljad blenderisse või köögikombaini. Kui puuviljad on kivikõvad, laske neil veidi sulada.
c) Lisa piim ja töötle ühtlaseks ja paksuks.
d) Vala kruusidesse ja serveeri lusikatega.

100.Mündi ja maasika smuuti

JUHISED:
- 1 banaan
- 1 tass külmutatud maasikaid
- ¼ tassi värskeid piparmündi lehti
- ½ tassi magustamata vanilje mandlipiima
- ½ tassi kreeka jogurtit
- 1 spl mett

JUHISED:
a) Sega segistis banaan, külmutatud maasikad, piparmündilehed, mandlipiim, kreeka jogurt ja mesi.
b) Blenderda ühtlaseks.
c) Vala klaasi ja serveeri kohe.
d) Nautige!

KOKKUVÕTE

Kui lõpetame oma teekonna läbi "Maasikad: 100 proovitud ja tõelist retsepti", loodame, et olete saanud inspiratsiooni avastama maasikate imelist maailma ja avastama uusi viise, kuidas seda armastatud puuvilja oma toiduvalmistamisel nautida. Ükskõik, kas naudite klassikalisi maasikamagustoite, katsetate soolaseid maasikaroogasid või säilitate suvist saaki hilisemaks nautimiseks, maasikatega toiduvalmistamisel pole maitsvatest võimalustest puudust.

Kui jätkate maasikate magusa ja mahlase maailma avastamist, viigu iga proovitud retsept teid lähemale elavate maitsete ja veetlevate tekstuuride kogemisele, mida sellel armastatud puuviljal on pakkuda. Olenemata sellest, kas valmistate süüa endale, oma perele või sõpradele, toogu maasikate lisamine teie toidukordadele rõõmu ja rahulolu ning looge laua ümber hellitatud mälestusi.

Täname, et liitusite meiega sellel maitsval teekonnal läbi maasikate maailma. Olgu teie köök täidetud magusate maasikate aroomiga, teie laud maitsvate roogade hõrgutistega ning teie süda toiduvalmistamise ja hea toidu jagamise rõõmuga. Kohtumiseni, head kokkamist ja head isu!

www.ingramcontent.com/pod-product-compliance
Lightning Source LLC
Chambersburg PA
CBHW071316110526
44591CB00010B/916